NUOVI RACCONTI
DI UN ESORCISTA

驅魔師 II

從聖經到現代的驅魔實錄

梵蒂岡首席驅魔師
GABRIELE AMORTH
加俾額爾·阿摩特——著

王念祖——譯

目錄

CONTENT

Part 2

聖經中的驅魔

專文推薦

瞭解魔鬼詭計的最佳參考書

鄭文宏

《驅魔師2》是加俾額爾・阿摩持神父（Gabriele Amorth）的第二本書，全書共八章，分成二部分，第一部為「實際的驅魔過程」，由一到五章組成；第二部為「基於聖經的驅魔」，由第六章到第八章組成。

第一部分的內容講述了魔鬼存在的辨認、驅魔和釋放的祈禱、魔鬼出現的原因和其後果，以及魔鬼感染的物件、動物、住所等。第二部分寫到聖經中關於驅魔的敘述，包括基督趕鬼的案例、要因耶穌之名驅魔（是靠耶穌的權柄，不是靠自己的能力，是天主給的能力），最後則提到了撒旦的行動。

阿摩特神父以聖經的一個比喻——魔鬼來撒莠子，麥田的主人卻在睡覺——來說明當今很多人不相信魔鬼存在的現況，也不願面對、處理魔鬼相關的問題。有人不信撒旦的行為，有三個原因：缺乏陶成、缺乏經驗、很多教義錯誤。加上現代人常以心理學、精神異常來看待附魔，因而不相信魔鬼的存在與其作為。

在我的經驗中，許多附魔的原因，常是由心靈的傷口所引起的，犯罪、仇恨、不願寬恕，另外還有符咒、巫術、算命、拜邪神、與鬼神交往等外在因素。要得到釋放，必須懺悔、辨告解、領聖事、祈禱、念玫瑰經、朝聖、守齋……等等。

被祈禱者須有四個心理準備：第一、相信天主的愛；第二、相信耶穌的救贖；第三、悔改；第四、有自尊心。耶穌寶血的淨化，聖神活水的澆灌，耶穌的寬恕，來釋放心靈的束縛。想要祈禱有效，必須要有信德，相信天主的慈悲，找出附魔生病的原因，對症下藥，平常要多次的祈禱釋放，才能痊癒。每個人的境遇不一樣，有一組人共同組成祈禱團體，對療癒很有幫助；如果能有神父，有知識神恩、先知神恩的人，或有神視的人一起工作祈禱更有效。

我曾經碰到一個案例：有一位女青年發現自己的心臟瓣膜閉合不全，經過五、六次祈禱，我發現她有害怕之靈，因耶穌之名命它出去，她說怎麼出去，她裡面還有更大的生氣之靈，再次因耶穌之名命它出去，她說她裡面還有福德正神，是她祖先好幾代請進來的，最後因耶穌之名，一個一個地趕出去。另外，我還發現她從小被外婆養大，缺少父愛，而祖父母又偏愛大伯，讓父親怨恨祖父母，這生氣之靈是父親影響了女兒，害怕之靈也是由父親引起，因為父親重男輕女，從小就不抱她，使她個性畏縮、不敢見陌生人。釋放之後，她的心臟病好了，爸爸不酗酒了，父母子女的感情都變好了。

另外一個案例：瑪利不能遇到喪事，只要出殯隊伍經過她家，或是先生參加喪事回來，她就心神不寧，晚上睡不著，整天不舒服。用耶穌寶血、聖神活水來釋放她，幾次之後恢復很多。我請她多讀經、多祈禱、多領聖事，後來就完全好了。讚美天主，感謝天主。

在台灣，我沒遇到撒旦教的案例，最多遇到的是算命、去廟寺拜拜後的症狀，還有亡靈的影響、墮胎嬰靈糾纏等等。這本書是驅魔的實用好手冊，也是要瞭解魔鬼的種種詭計的最佳參考書。

本文作者為天主教蒙席、台中教區主教任命驅魔師

專文推薦

深刻瞭解驅魔的真相

李亮

在《驅魔師2》中，著名的羅馬首席驅魔師阿摩特神父，繼續以天主教教義作為基礎，引用他本人和另一些驅魔師親身處理的多個案例，從牧靈和實用的角度來講論驅魔事工。

阿摩特神父慨嘆當代的人對純正的信仰——尤其基督信仰——不感興趣，反而嚮往傳統或新興的迷信風俗。的確，今日信神者減，信鬼者增，因為人總是渴求著從靈界得到一點對立身處世的安全感和指標。有關靈異能力的小說、電視節目、電影，如《哈利波特》（*Harry Potter*），或以「驅魔」為主題的電影，如《大法師》（*The Exorcist*）、《驅魔》（*The Exorcism of Emily Rose*）、《現代驅魔師》（*The Rite*）及《惡魔刑事錄》（*Deliver Us From Evil*），都是很受歡迎的。

自古以來，各種風俗文化普遍都有驅魔儀式，涉及呼求神明助祐及採用符咒禱文等。自新約時代以來，就有驅魔的職務[1]，而且教會逐漸為此釐定了清晰的守則，以避免流弊。

在處理附魔個案上，教會與其他宗教的一個顯著分別就是：教會一向採取極嚴格、審慎而平衡的態度，而且總是先透過適當方法（例如醫療、病理等方法），證實所謂「附魔」現象不是源於「自然界因素」，而是來自魔鬼（邪靈），才會舉行驅魔禮。近年來，心理玄學[2]的研究指出，許多以往被視為「超自然」的現象，其實只屬於「自然界現象」。由於附魔個案常涉及心理玄學現象，因此，教會處理這些個案時就格外審慎。此外，濫用驅魔儀式，會令那些實際上只受自然因素困擾的人士受到不良影響。

阿摩特神父指出，大多數向驅魔師求助的人士，真正需要的是放棄迷信，誠心悔改。驅魔禮屬於靈界層次：教會不是「以魔驅魔」[3]，而是以宇宙萬物的創造者和掌管者——天主——的名義制伏魔鬼（邪靈）；以真、善、美的泉源——天主——的名義

1 參閱瑪竇（馬太）福音10章1-8節；馬爾谷（馬可）福音6章7-13節及16章17節；路加福音9章1-6節及10章17節；宗徒大事錄（使徒行傳）5章14-16節、8章5-8節、16章16-18節及19章11-20節。

2 parapsychology，這門學科也稱為詭異心理學或通靈學。它的研究範圍包括傳心術、千里眼、先知和心靈致動等。這些都是自然科學原理難以解釋的特異功能現象。

3 參閱瑪竇福音12章22-28節；馬爾谷福音3章22-26節；路加福音11章14-20節。

戰勝邪惡之源和黑暗勢力的首領——魔鬼；以人類救主耶穌基督的名義和德能來驅逐魔鬼，使人擺脫其操控束縛。一如主耶穌曾教導我們，為擺脫魔鬼對人的束縛，不論受困者或嘗試解救他們的人士，都要有信德，並要熱誠地祈禱和守齋克己[4]。如受困者是沒有信仰的人士，教會便要求他們要過符合倫理道德的生活。

按照基督信仰，冷淡的信徒和生活墮落或迷信的人士較易受到魔鬼的騷擾和試探，連虔誠的基督徒也有可能受到魔鬼的纏擾或侵犯。天主有時容許這些事發生，是為使那些虔誠的信徒在信仰生活上更成長，或讓他們透過受苦，間接地幫助他人悔改皈依。舊約聖經提及的約伯，就是一個顯著例子。

阿摩特神父重申教會的一貫立場：正如驅魔是救主耶穌救贖使命的其中一項職務，教會同樣要肩負這重要的職務。但為何這項職務往往不受重視？他認為理由有三，即：

1. 一般神父所接受的修院培育甚少涉及驅魔這主題，而神父的講道也鮮少提及魔鬼對人的滋擾或操控，以及教會能以驅魔禮助人解困。
2. 主教及神父對舉行驅魔禮的忽視。
3. 教會人士，包括某些神學家，對魔鬼和驅魔的錯誤觀念（認為是源於迷信和與科學不符，或從信仰角度否認魔鬼的存在）。

我們可以補充說，神父們對難以捉摸的靈界的確常有顧忌，或認為這範疇與他們日常的職務無關。再者，驅魔師亦非任何神父都可擔任，而必須由教區教長委派，且要具備虔誠、學識、明智及正直生活這些條件（這是指主持大驅魔禮〔Major Exorcisms〕的神父，他們助人擺脫被魔鬼操控擺佈的「附魔」狀況[5]）。然而，天主教教律也規定，一般的神父，無須特別委派，都可主持「小驅魔禮」（Minor Exorcisms），助人擺脫魔鬼透過外在環境或不同因素對人身、心、靈上所造成的「滋擾」。此外，受過訓練的一般信徒，也可在神父的帶領下作「釋放祈禱」，為那些受到較輕微的身、心、靈上困擾的人士代禱，使之享到平安。[6]

值得一提的就是，為促進神父們在驅魔上的培訓，羅馬的「諸宗徒之后宗座大

4 參閱瑪竇福音14章21節；馬爾谷福音9章14-29節；路加福音9章37-43節。
5 參閱《天主教法典》一一七二條一～二項。
6 有關「大、小驅魔禮」及「釋放（醫治）祈禱」，可分別參閱教廷聖禮及聖事部頒佈的《驅邪禮典》（一九九八年十一月二十二日）、教廷信理部頒佈的"Instruction on Prayers for Healing"（二〇〇〇年九月十四日）；**Bishop Julian Porteous (Compiler) Manual of Minor Exorcisms For the Use of Priests, Catholic Truth Society, 2010**。

學」（Pontifical Regina Apostolorum University）每年都舉辦為期一週的相關課程。對那些已擔當驅魔職務的神父，加入阿摩特神父創立的「國際驅魔師協會」（Association of International Exorcists），可使他們透過彼此交流得到支援。

我們認為，阿摩特神父的這本新作和他的前一本書，為神父、一般信徒及外教人士提供了有關天主教驅魔觀和驅魔禮精簡而全面的基本知識，兼顧理論及實踐兩方面。就如除了基本的學識以外，醫生不能欠缺臨床經驗、律師不能欠缺訴訟經驗、照顧人靈的神父不能欠缺牧養信徒的經驗一樣，同樣地，驅魔師也必須具備實際經驗。阿摩特神父的兩本驅魔相關著作的可貴之處，在於它們提供了很多案例，使讀者能印象深刻地領略驅魔的真相，並使擔任驅魔師的神父能汲取驅魔技巧。

受靈界騷擾或操控的人士，總是急於想知道，還要受困多久才能回復正常生活？阿摩特神父指出，這是沒有常規答案的，時間可長可短，視乎天主的旨意。讓我們引用本書第四章的個案（阿摩特神父認為那是他所經歷過最難處理的個案），就「何時回復正常」這疑問做個回應，作為本文的總結。

該個案涉及一位虔誠出眾、愛主愛人、剛退休的義大利籍男性教友安吉洛。他無緣無故地附了魔。阿摩特神父和他的導師肯廸度神父多次為他主持驅魔禮，卻不奏效。過了七年，這位受困者和妻子受盡考驗之後，終於靠另一教區的一位驅魔師主持的一次驅魔禮，霍然復元，並於短期內平安去世。

上述個案使我們領略到，我們固然不能常常充分理解天主的旨意，但有一點是肯定的：天地萬物都是掌握在天主手中。倘若我們把自己完全交託給天主和祂派遣到世上來救贖人類的聖子耶穌基督，那麼我們必定能在天主的安排下，從罪惡和魔鬼的束縛中獲得解救。

本文作者為天主教香港教區秘書長

專文推薦

為何我們喜歡看恐怖類型電影？

鄭印君

對於宗教研究、特別是比較宗教研究而言，「聖與俗」之間的關係性一直是相當重要的主題。由此一主題出發，我們可以看到各個宗教如何在其經典、教義與儀式的展演中，藉由敘事性話語向信仰者與世人呈顯出神聖與宇宙、世界以及人的關連性等諸面向，其中，也包含了「魔鬼」與「惡」等主題。

這些主題不僅與各宗教的信仰者如何藉由對於神聖敘事的閱讀、教義的理解、儀式中的體驗，來形塑自身的信仰與措置本身在世界中的存在座標有著緊密連結性，同時也提供了各個文化對於世界圖像二元想像的沃土，並藉由各種形式表現於文學書寫、影視展演與藝術創作等方面。

關於這一部分，可從一直以來不少恐怖類型電影的發展，例如早期的《大法師》（*The Exorcist*, 1973）[1]、《天魔》（*The Omen*, 1976），一直到近期的《靈動：鬼影實錄》（*Paranormal*

Activity, 2007）、《厲陰宅》（*The Conjuring*, 2013）、《安娜貝爾》（*Annabelle*, 2014）等電影的盛行窺得一二。[2]這些電影如果缺少了在其敘事背後的宗教性意涵（許多故事除了從真實事件改編外，也大多涉及宗教信仰），或許就不那麼迷人而具有可看性。許多學生在觀看這些西方恐怖類型電影後，經常會來詢問的一個問題是：「裡面的魔鬼與驅魔都是真的嗎？我怎麼有些都看不懂？」

宗教學者依利亞德（Mircea Eliade, 1907-1986）曾提出「神聖」在現代社會中並非消失，而是以一種「擬宗教」的形式顯現出來。因為人仍然透過無意識的、作夢、藝術、旅遊等形式表達出對神聖的渴求，以及對超越和自由的嚮往。但現代人的「個體神話」不會上升到神話的本體論位置，因為它們不是被整個人類社會體驗到的，因此不會將一個特殊狀態轉換成具有範式意義的狀態，但它們從形式上來看，是具宗教性的。

或許這解答了為何恐怖類型電影一直以來都受到觀眾的歡迎，但是我們必須更深

1 本片獲十項奧斯卡金像獎提名，並獲得最佳音效獎和最佳改編劇本獎。同時，它也是歷史上第一部被提名奧斯卡最佳影片獎的恐怖電影。

2 關於這部分，連續劇也不遑多讓，《超自然檔案》（*Supernatural*）自二〇〇五年開播至今已播至第十三季，更不用提其他例如《康斯坦汀：驅魔神探》（*Constantine*, 2014）、《驅魔人》（*Exorcist*, 2016）、《路西法》（*Lucifer*, 2016）等受歡迎的劇集。

入地進行尋思，除了為何我們喜歡看恐怖類型電影這一點外，對於其敘事中所展開的世界觀，我們真的只是將其當成「娛樂」來進行消遣行為、進而消除某種心理的壓力，或是我們應該正視這些敘事與感受背後的「真實性」意涵。關於這一部分，或許對加俾額爾．阿摩特神父的這本《驅魔師2：從聖經到現代的驅魔實錄》進行閱讀，可以尋得一些解答。

阿摩特神父在本書中，除了條理式地陳述與分享了他在自身各式各樣的驅魔經驗中所獲得的經驗與心得，同時引經據典地說明在基督宗教信仰初期，即已對這方面相當關注並清楚地記載於《新約聖經》中，懇切地希望教會與社會能「正視」許多需要這方面協助的人們，並期望教會能在一定程度上注重神職人員的培育，與能對於信徒與世人有所提醒。

推薦給所有對這個議題感興趣的讀者，希望藉著加俾額爾．阿摩特神父在本書中的條理陳述與經驗分享，能帶領我們看到這個世界的更多元面向。

本文作者為輔仁大學宗教學系副教授兼主任

專文推薦

戒慎自身，神與你同在

Asha

如果這世間有魔的國度，我們如何保護好自己呢？

看完《驅魔師2》後，真的在我內心產生各種角度的翻攪。對於通靈的我來說，天使與邪靈、恩主與魔鬼就像是很表層的象徵字眼，驅魔或神恩救世對我個人初期而言，是可簡化成兩股分裂勢力的敵對與勢不兩立。我讓自己沉澱了幾天，也敞開自己、放下書中所使用的對立字眼進入書中的意涵，或許對我而言，超感能力（通靈能力）可取其「善解的意願」去明瞭書中的生命能量。

我在書中得到了很深的主的祝福，我想用簡單方式列舉：

一、我何其榮耀地親臨恩典，可以進入穿越自己的頭腦、文字的表面狹隘，在書的本質裡，我得到了恩典的支持與轉化，祂透露了一段很美的訊息：心包容了黑暗亦包涵了光，所有稱職的驅魔師必定經歷過書中所描述的魔鬼經驗，所以他們藉由此經歷深知靈魂暗夜重生後的力量與愛是無懈可擊的，「驅魔」是最原始在聖經佈道時所使用的語言，也是最適合當時時代背景的詞句，在最深的本意是想傳達：戒慎自身所思所想，神與你同在。

二、我感覺到自己過往應也曾是擔任這個職責的神職人員，在那時空背景下，跟今生的我有部分對靈魂世界有不同看法。那生，我認為停止人無謂被魔鬼侵犯感染是我在主恩前所立下的首願，我深信基督國度中，人是純淨無瑕、平安喜樂的，這份願讓我全然聚焦在驅魔、戒除、防護，當時，我完全沒有可與另一世界溝通的能力，但我可感受到恩典與我同在，人們改善、恢復平靜是我從雙眼可企盼並確認的。

今生，一夕間的開啟，接種而來的神、光、天使、邪靈或魔鬼成了我初期三年的緊密學習，我的精神導師白長老只教我用身體感受與心去認識無形世界。坦白講，在很初期，我曾遇過一群很爆烈、充滿憤怒的群靈，他們對我充滿敵意，長達一週的時間，我進入非常詭異、失常的狀態，如同書中描述，我被用力推擠，會突然在路上跳起來，也會不停嘔吐，甚至昏迷，這些行為如同戲劇表演般，但內在很深的心裡面是無懼的，白長老總會在適當時間告訴我，他們就是你過往想用力驅趕的邪靈（內心記憶的顯化），你可以選擇再度強烈征服他們，也可換個方式。

如何換方式？在我的認知裡，我是毫無抵禦能力的，而且非常痛苦難受。這部分，我體驗到人若是毫無宗教神職人員的支持，是真的茫然與失去力量的。信仰是能支持到人的。

接著，我覺察到當我感受到白長老或我到教堂、佛寺的聖殿中，有正向無形力量全力支持著我，身心因此舒暢許多，所以，我嘗試把這份溫暖的光傳送給出沒在我周圍的「邪靈」，他們似乎也跟隨著這份親近而緩和許多。

我需要為自己的內在光明擴大到足以掩蓋矯枉過正的不適，我靜心、祈禱、懺悔過往的疏忽，突然間，有位代表他們的跟我對話了：我們是在與你們同時共同存在的失落世界的靈魂，住進人的身體可以讓我們停止地下世界無止境的痛苦循環，當你們用強大的另一光世界對我們進行驅逐時，痛苦的深淵便會產生更大的狂爆，因為我們無法將我們的意願傳遞給你們，宇宙有我們的空間，但需要提升就要透過物質界肉身的你們介於光界、魔界之中有更寬闊的流動，整體才會共生共存，我們也不會以侵犯意圖貪嗜你們的光，請以尊重態度回應我們。

我問魔鬼代表：如何尊重？大家可以不侵犯彼此地和平共處？

魔鬼代表說：讓我們被神恩的光護擁到另一學習空間，金字塔中神是在高點，我們觸及不到的高點，人類是在金字塔的中端，你們有義務讓我們提升並被神看照的。尊重在底層的我們，沒有我們就沒有完整的金字塔，如同你們將自己過度放在光明的頂尖，忽略了生命的全貌。

從那次溝通後，我瞬間恢復了，我再也沒再見過他們，但我變得更能理解無形世界的運作法則，恐懼、抗爭或排斥自己無法接受，都只是在摧毀成為完整的自己。

祝福與此書有緣的朋友，若你們有書中所述附魔的困擾，釋放並帶著尊重與愛，將誤闖進你生命的迷失靈魂引領到他們的空間中吧！

本文作者為靈性圈知名傳訊者、心悅人文空間創辦人之一

作者序

我的前一本書《驅魔師：梵蒂岡首席驅魔師的真實自述》暢銷的程度遠超過了我原先最樂觀的估計，引起的迴響比我自認為應該會有的程度還高。我只能引用聖經的經文「言語適時，何其舒暢」（箴言 15:23）來解釋這個現象，也就是說，最好的講道都是在最恰當的的時機宣講的。

我相信這個世代對驅魔話題的討論有迫切的需要，因此我覺得有必要將這些寫出來。無可否認地，我不但為這本書的快速流傳感到欣喜，也為這本書出版以後所發生的許多事情，深感欣慰。

鑑於神職人員以及一般信徒都對此一議題作出了極大的迴響，我決定再接再厲地寫第二本書，來為大家服務。當我在思考這本書的內容型態時，我原本計劃的內容是只有一系列的案例再加上評論，但我後來意識到，我需要加深一些我在第一本書中為了避免太過沉重而輕描淡寫帶過的話題。

這第二本書的內容，仍是基於我在肯迪度（Candido Amantini）神父的指導下所經歷的個人體驗，但也包括了其他驅魔師的經驗與建議；我要感謝他們，以及其他教友對我作品的貢獻。

就本書的型態而論，我相信具體的例子是瞭解這些主題的重要基礎。因此，每一個特別的主題我都另起一章，每一章除了有很多故事外，還會有一個案例來作總結，如此才能最適切地闡明我的觀點。這些案例都是從最近發生的事件中挑選出來的；事實上，有些案例還沒結束。

我講述的是未經刪減的真實故事，但我更改了當事人的名字和重要的個人資訊，以保護受害者和其他相關人士的隱私。

我為第二本書的出版感謝上主。願它與上一本書一樣成功，以榮耀天主和祂對靈魂的救恩。

懷念恩師

在寫這本書的過程中，我無法抑制地不時停筆，來懷念我的恩師肯迪度神父。他於一九九二年九月二十二日回歸天家，那天也是他的主保聖人聖肯迪度的慶日。面對那些來祝福他安好的神職弟兄，他只簡單地答覆說：「今天，我向聖肯迪度要求一件禮物。」因為當時他飽受病體的折磨，我們都猜到了他所要求的是什麼，而他也如願得到了這份禮物。

一九一四年，肯迪度神父生於義大利聖弗洛拉（格羅塞托）的巴尼洛洛省（Bagnolo of Saint Flora[Grosseto]）。曾經教授聖經及倫理神學的肯迪度神父，除了學識豐富外，還有聖潔和智慧的恩寵。聖五傷畢奧神父（Padre Pio）說：「肯迪度神父是合乎天主心意的司祭。」

他以身為羅馬教區的驅魔師而聞名——他擔任這個職務長達三十六年。人們從義大利和世界各處湧向他；他每天早上會和七、八十個人會面。他總是十分耐心，面帶微笑，他的建議常令人受到鼓舞。

他對聖母的熱愛，在他所著的《瑪利亞的奧秘》（*Il Mistero di Maria*）一書中表達無遺。後來因為他的祈禱（他常會整夜祈禱）和事工佔據了他全部的生命，所以他無暇繼續寫作。一九九〇年，我開始察覺到他的健康狀況不佳，擔心他豐富的驅魔經驗將會因此失傳——雖然他曾如此耐心地要將他的經驗傳授給我。

這是我急著要寫前一本書並要求出版社儘快付印的原因：我擔心沒有機會請肯迪度神父閱讀和指正。

然而，他在這第二本書出版的前夕，飛往天國領取他在天上的賞報。這本書也有他的心血在內。我對他滿懷感念，願他在天上為我轉求。

前言

誠徵驅魔師

一九八六年六月，當烏戈．波雷蒂樞機主教（Cardinal Ugo Poletti）指派我擔任肯迪度神父的助手、協助他的驅魔事工時，他為我開啟了一個全然陌生的新世界。不同於一般人可能會猜想的，讓我印象最深刻的並不是那些極端的案例和最不尋常的現象（那種只有我們親眼看到才會相信的事）。對於一個新手驅魔師而言，讓我留下最深刻印象的，是我進入了一個靈魂受苦多於肉體痛苦的世界。活在這種痛苦裡的人以信任和開放的態度求助於神父，他們亟需他的幫助和建議。

大部分時候，驅魔師的主要任務是安慰沮喪者、啟發無知者、消除無謂的恐慌和被誤導的行為（尋求巫術，塔羅牌等）。為此，他必須鼓勵人靈與天主和好，重返信仰生活的正軌，祈禱及領受聖禮，並決心接受天主的話語。雖然我已擔任了很久的神職，但我從未有這麼多的機會，帶領這麼多人和家庭回歸天主和教會。大多數求助於驅魔師的人並不需要驅魔，只是需要一個真心的轉變。

首先，讓我簡單地介紹一些在我看來非常有意義的事，它們不僅增強了我對這個領域的瞭解和知識，也打開了我和國內與國際接觸的各種管道。我的第一本書《驅魔師：梵蒂岡首席驅魔師的真實自述》出版之後，造成極大的轟動，這完全出乎我的意料。然而，新書上架後沒幾天，有一位中年神父在途中攔下我，告訴我：「我將你的書從頭到尾、一字不漏地看完了。我可以向你保證，你所寫的內容，從來沒有人告訴過我。」接著，我開始收到許多來自其他驅魔師的熱烈反應的信，他們都表示完全認可這本書。

之後，一系列的評論和採訪接踵而來；包括電視、電台，以及幾乎所有的雜誌媒體，大多數都是非教會的機構。隔年，聽眾遍及全義大利的瑪利亞電台（Radio Maria）在二月十二日至九月二十四日期間，播放了一系列在利維奧神父（Father Livio）的專業帶領下對這本書進行的討論。不用說，這是傳播這本書及其內容的最快速方式。

此外，大量的聚會、信件和研討會都引起廣大群眾開始關注我在擔任驅魔師的期間逐漸發現的事情，也就是：人們對驅魔師的需求是如此之大，而且仍在繼續增長，然而不幸的是，天主教會人士的作為和準備卻是如此不足。我將在這篇介紹性的章節中討論這兩個主題。

迷信增加的原因

第一個問題：**為何現在對驅魔師的需求如此之大？**我們能因此推論今世的惡魔比過去更加活躍嗎？我們可以說附魔的案例以及其他輕微的惡魔侵擾事件的發生率正在上升

嗎？這些和其他類似問題的答案都絕對是肯定的。向大眾宣講的理性主義和無神論，以及糜爛的生活，這些西方消費主義的副產品，都是造成信仰驚人衰退的因素。這可以用數學式的定理來表達：信仰下降，迷信增加。

促成當前迷信增加的諸多因素，包括電影、電視、廣播和報紙。媒體不僅播放色情內容，也提倡所謂的魔法：招魂術、邪教，以及神祕的東方儀式。某些群眾聚會、演唱會、迪斯可舞廳也傳播了潛意識的訊息，諸如撒旦搖滾等等。末了，警察被召來處理這些放縱行為的後果——犯罪。一個眾所周知的事實是，在西方，星座是報紙中最受歡迎的部分。此外，我們都很熟悉與撒旦儀式有關的兩種罪惡——墮胎合法化和非法藥物的傳播，更別提在義大利，各種算命的活動以及測字、占星等超自然學術，已經被法院正式批准為必須繳稅的合法收入來源。

雖然各方估計差異很大，但是一般估計，由於上述「專業」的合法化，每年有超過一千兩百萬義大利人造訪魔法師、巫師、塔羅牌等。這個數字出自一九九一年三月在佩魯賈（Perugia）舉行的「義大利的巫術新宗教和秘術」大會。如果再考量撒旦教爆發性的擴張，我們可以明確地斷言，義大利人民沒有受到國家或教會人士的保護。

我希望這一千兩百萬義大利人民不是去找巫士，而是去看一位神父，但不幸的是，他們沒有，因為他們信仰的熱火已經變成一個即將熄滅的小火星。根據義大利天主教雜誌《基督徒家庭和耶穌》（*Famiglia Cristiana and Jesus*）委託「經濟及社會促進發展研究院」（ISPES）所做的調查，只有百分之三十四的義大利人認為有魔鬼的存在。然而，即使有更大百分比的人相信魔鬼的存在，他們能期待得到什麼樣的幫助？

一位在這個領域的學者，阿曼多．帕韋斯（Armando Pavese）在靈性雜誌《牧職生活》（*Vita Pastorale*）上發表了一篇有趣的文章。他指出，在義大利，至少有十萬名經驗豐富的神祕教派「專業」人員在工作。相對於此，神父的人數只有不到三萬八千名，而且他們在魔鬼學的領域中形同文盲。

在本章結尾，我將舉一個例子，來指出一般人在尋求驅魔師時必經的痛苦過程。想要獲得別人以同理心來聆聽是多麼困難的事啊，而這是基督徒德行的最基本要求！我們面臨的是毫無道理的無知，這個議題我將在本章的後半部討論。

現在，我們來看第二個問題：**教會人士是否準備好了來面對這個挑戰？**在天主教的世界裡，驅魔已經完全消失了不知多少年。在某些基督新教的教派中，情況卻非如此。以下我只是陳述一個事實，而無意羞辱任何人：天主教的主教們，幾乎毫無例外地從未施行或是見證過驅魔。那怎能期望他們相信那些連驅魔師也難以接受的現象呢？

事實是，聖經在這個議題上的教導是非常明確的。在整個教會的歷史過程中，我們也有基督徒的實踐和教導的見證。最後，我們還有《天主教法典》（*Canon Law*）。除了少數例外，我們與往日教會的教導之間已經豎立起了一面堅牆：沒有驅魔。對於聖經，我們也築起了一面沉默的高牆，更糟的是，一些神學家和聖經學者對聖經的偏差解釋。神父們（他們當中有些人將來會被任命成為主教）在學習神學的三大主幹——教義神學、靈修神學和倫理神學——時，應該被教導這個議題。

「教義神學」討論的是造物主，也涵蓋了天使與魔鬼的存在，這個課題應該以聖經和教會的教導來講述。「靈修神學」則涵蓋了魔鬼的一般作為（也就是誘惑）以及特別作為，包括所有魔鬼的惡行，最嚴重的是附魔。驅魔以及其他反制魔鬼作為的補救措施，都應在這個範疇內教導。唐克利（Tanquerey）和洛伊·馬丁（Royo Martin）的著名教本仍然是很好的參考書。不幸的是，靈修神學多年來一直被忽視。因此，這個方向的教導幾乎是蕩然無存。

「倫理神學」應該教導違反十誡中第一條誡命的罪——迷信。它應該啟發信徒，什麼是合於上主的心意，以及什麼會違反上主的心意，例如魔法和巫術。聖經以強烈言辭明確地譴責迷信，例如〈申命紀〉[1]在列示迷信行為後，以全面譴責作為結語：「任何人做這樣的事情都是可憎惡的。」不幸的是，今天許多倫理神學家已經無力分辨邪惡與聖善了。他們不再教導什麼是道德的罪惡，而什麼不是。其後果是，信徒**從來沒有聽說過這些禁令**。只要看看最新版的《道德神學詞典》，對「迷信」已不再明確的定義[2]就能證實我所說的並非妄言。

我曾問過許多神父，在他們研讀神學時，是否學過我剛才所提到的任何主題？從年紀最輕的到年紀最長的，他們的答案，千篇一律都是否定的。要修正這種嚴重缺失的唯一辦法，就是在神學院和大學提供這方面的課程。

為何神職人員不相信驅魔

除了這些缺失之外，推波助瀾的還有某些神學家和聖經學者傳播了關於驅魔的錯誤信息，再加上缺乏實務經驗，無怪乎我們會達到如此無知和不信的程度。這種錯誤包括

1 編注：本書出現的聖經章節、人名、相關名詞，在全書首次出現時，以天主教、基督教之通用譯名對照的方式呈現，若雙方譯名相同，則不另標示。

2 要得到對這個名詞的正確定義，我們必須回到一九六一年思高版的《Roberti-Palazzini神學辭典》（*Dictionary of Moral Theolog*）。

懷疑魔鬼的真實存在，更別說魔鬼活動的真實性了；有些人甚至否認耶穌驅逐邪魔的事蹟，而認為我們在福音書中看到的例證，應該簡單地解釋為對身體的治療。

總而言之，有三個原因造成神職人員對驅魔這些事抱持不相信的態度，使得民眾轉求於巫術：

- 缺乏知識和教導
- 驅魔施行的不足
- 教義的錯誤

容我不厭其煩的強調，今天神職人員所面臨的客觀環境，不完全是由於他們自己的過錯，而是修院對神父的陶成中，沒有討論撒旦的存在、活動，以及打擊他們的方法，也沒有教導哪些事項會使人陷入魔鬼的罪惡中。如我剛才所說，原因是神學課程遺漏了教義神學、靈修神學和倫理神學在這個問題上的論述。

絕大多數的神父從未施行或參加過驅魔，因為他們受到某些神學家和聖經學者的影響，認為研究魔鬼的存在及行為是一件過時的事。民眾無法從神父那裡得到指引、理解、幫助，甚至連同情的聆聽都沒有，這就是為何他們會轉求於巫術。

我要引用關於神學家的最新統計資料[3]來說明我的觀點，這些資料非常豐富也非常駭人。我說「駭人」，因為它們導致了以下的結論：有三分之一的神學家不相信撒旦的存在；近三分之二的神學家相信撒旦的存在，但不相信魔鬼的實際行動，並且拒絕將此加入牧靈工作的考量中。這使得那些相信並且試圖採取對應行動的人，沒有任何施展的空間。那些例外的少數人被迫採取抗拒潮流的行動，經常被其他神職人員訕笑和排斥。《魔鬼邪靈、與附魔》（*Diavoli, demoni, possessioni*）[4]這本書中也有類似的統計數字。

這些數據與我自己親身觀察所得雷同，在許多神學家的文章中也明顯可見。雖然我提到的這些統計數字是針對神學家，但他們對神職人員觀念的影響是顯而易見的。如果這些神職人員的實際行為可以顯示出某種趨向，我相信在神父之間做個意向調查，也會得到類似的結果。

我在上一本書中，引述了某些主教在處理魔鬼事件時的回應，有些人對此大感訝異，也有人覺得反感。這些回應真實地代表了大多數主教的心態，但我也要提醒讀者不

3 這是一九七四年在西德收集、在國際神學雜誌《公會議》（*Concilium*）上發表的統計資料（一九七五年，第三期，一一二頁）。

4 K. Lehmann著，Queriniana出版，一九八三年，第二七及一一五頁。

可一概而論，因為如果某個教區有一位驅魔師，就表示那裡有一位瞭解這個問題重要性的主教。

在這裡，我重複一些我在上一本書中已講過的，主教常做的一些評論：「我不會指派任何驅魔師，這是原則問題。」「我只相信超心理學。」「我真想知道是誰灌輸了你這些白癡的觀念。」目前，我正在為一位被他的所屬教區拒絕的年輕人驅魔。這位主教拒絕見他，也拒絕任命一名驅魔師，當年輕人的父母請求幫助時，他斥責他們說：「需要被驅魔的，是你們這兩個人。」

雖然主教們沒有對我提供很多實際的幫助，但他們一直非常熱誠地對待我。因為我從未失去初生之犢的勇氣，我曾經告訴一位主教：「你被任命作為宗徒（使徒）的繼承者。然而，是否要效法他們，是你自己的決定。如果你拒絕為人驅魔，你就沒有施行宗徒之所行。」

我對另一位主教更不假以顏色，我建議他在主教公署門口張貼一個大型告示，聲明：「本教區不執行驅魔，因為我們不相信主耶穌應許我們，可以因他的名驅逐魔鬼。所有想要驅魔的人都應該去尋求聖公會、五旬節教派或浸信會的幫助，他們相信主耶穌的話，並施行驅魔。」

我得到的回報是這個許諾：「我會重新思考這個問題。」我將在後面章節列舉一些要點，供他作為重新思考的基礎。

實際案例

一封寫給主教的信

在很多的抱怨信中，我選擇了一封感謝信來發表。這封信來自一個家庭的男主人，講述他的妻子所遭受的痛苦——這十五年的折磨其實是可以避免的，如果神父相信基督的話語和基督賦與他們的權力。我特別邀請你一起思考信末的幾個問題。

主教閣下：

在看了一個討論憂鬱症所引發的各種問題的電視節目之後，我決定要鼓起勇氣寫信給你。按專家的說法，這種疾病只有三種治療措施：藥物（鎮靜藥、安眠藥等）、電擊（電脈衝）以及心理治療（精神病科、心理學、心理分析）。

節目中，一位受訪的醫生引用了聖安納醫院的一個病例（可能就是我的妻子）。這位醫生聲稱，這個世界上沒有任何醫生可以治癒她，因為她相信自己失去了靈魂，無法找到平安。精神科醫師的結論是：「這是一個憂鬱症的例子，病人認為自己被詛咒了。教會將此稱之為魔鬼，但其實只是『憂鬱症』。」

這些醫生從來沒有考慮過諮詢神父。為什麼？當我在看這個節目時，這些被稱為憂鬱症專家的醫生的無知讓我深感驚訝。我問自己：精神病專家為這些人做了什麼？我的妻子的經歷可能不是獨一無二的，某些在精神病院受苦的人也一樣可以得到治癒。難道教會認為附魔只是一種心理障礙嗎？在福音中，我們讀到許多附魔的例子。然而不幸的是，在與許多神父和修女們談論後，我發現他們偏向於不相信撒旦的存在。修院裡教了什麼，才導致這種無知？

最近，有一位女修會的會長問我說，我太太的病最後是怎樣治好的？因為在我太太生病的這許多年當中，會長常常幫助她，因此對她所受的折磨十分清楚（我必須說明，我的太太是被診斷為精神病）。我告訴她關於撒旦和他的力量，以及我幸運地終於找到一位驅魔師的事。我們講到最後，她大叫說：「撒旦真的存在！我們的神師竟然從來沒提過這些！」

這些不是理論。我是以一個具體事件見證人的身分發言——這事件發生在我的妻子身上，我看著她受苦了十五年。她在十歲以前生活正常，之後才開始發生問題。她的祖母曾經請一位神祕教派的施法者到她家去召喚某些靈體，並透過這些靈體與已故家庭成員的靈魂溝通。

那時我的妻子還是一個小孩，有時她也會參與這些場合。從那時開始，她出現精神不安的狀態。她的父母對爺爺奶奶家裡發生的事情毫不知情，但覺察到女兒的行為發生變化，變得具有攻擊性、粗暴等等。

她的病情日益加重，並開始失去意識。醫生也無法解釋她行為異常的原因，因為她沒有任何疾病的跡象。她經常離家出走，看過許多心理醫師和精神科醫師也都沒有效果。診斷的結果總是千篇一律：沒有發現任何不對的地方，尤其是她的家庭生活健全，父母也非常疼愛她。

我們在一九七六年結婚。婚後第一年的生活相當平靜，但過了三年後，她的問題開始浮現。她再次感到喪失知覺。我們曾向很多專業醫師求助，但是他們找不出她病情的根由，所以他們只能持續地開鎮靜劑的處方。漸漸地，我的妻子開始在她的信仰生活上發生了嚴重問題。她不再想去教堂，也不再想要祈禱。當她和我一起上教堂時，她僵硬地站在那裡，只想儘快離開。這讓她非常內疚，因為她一向非常認真地過她的信仰生活；但同時，她也不瞭解自己的行為。因此，她的行為加深了她自己的憂鬱症。

她曾多次試著向神父解釋她的感受！但他們從來都沒真正瞭解她的情況。他們只是給一些無關痛癢的建議，比如：「這些事情常會發生……這種情況每個人都可能會發生……你需要祈禱。」但那正是她的苦惱：祈禱為她而言是如此可憎，而她無法克服這種感覺。所以她變得越來越抑鬱了，並且常常哭泣。醫生只是開更強劑量的鎮定劑和安眠藥處方。後來她會對藥物上癮，也就不足為奇了。

此後，有一段時期她嚴重地酗酒。酒精總是讓她行為脫序，而在這個混亂的時間內，她不知道自己在做什麼。她曾三次以割腕或吞下整瓶藥物的方式，企圖自殺。所幸，在最後關頭我們總是把她的生命搶救回來！

最後，因為她血液中的酒精含量高達三．八克，醫生決定將她送到醫院排毒。在那裡，工作人員驚訝地發現她沒有任何生理疾病，也沒有任何酗酒的跡象：我的妻子意識清楚，並且將她的信仰問題告訴醫院的每一個人。但醫生只是增加了她的鎮定劑的劑量，於是她開始表現得像一個毒癮發作的人：對任何刺激都沒有反應，也不記得任何事物。

因為我不知道還能做什麼，就把她帶去找一個靈媒。剛開始，我妻子的反應良好，但沒多久，她的情況逆轉；顯然，我選擇了一條錯誤的道路。

我們婚後不久就發現她無法受孕，所以在她的問題發生之前，我們就已著手申請領養小孩。就在這艱難的期間，我們接到通知，得以領養一個三個月大的男孩。這個好消息讓我們喜出望外，冀望我們的問題也會因此結束。

然而，她的病卻來勢洶洶地復發，並出現多重症狀。譬如，有一段時期，她會毫無預警地突然失明，在這樣的恐慌中，她會對每一個人嘶吼。但有時，她會像一個又聾又啞的人，或是發出淒厲的喊叫。她甚至試圖用長槍射殺我和嬰兒，並把自己拋出窗外。她養成一種習慣，自己開車離家幾個小時，而我不知道她去哪兒了！夜裡，她會起床，跑過幾條街道，或是看到魔鬼的影像。有一次，我發現她不醒人事地躺在浴缸裡，頭俯在水面下，我必須為她做口對口的人工呼吸。她也曾經在發生車禍後，卻完全不記得自己怎樣坐入車中。我經常不得不放下工作，趕回家處理她的緊急情況。這真是一場噩夢。

雖然經過了這一切，我仍深信，只要她能找回自己的信仰，只要她能再祈禱，情況就會好轉。但不幸的是，她無法祈禱。只要有一位神父在場，她就會被激怒。我開始絕望了，我的妻子不能自己一人在家，無法照顧我們的兒子。我的未來真的黯淡無光。

後來，我看到一線曙光。有位神父提到，我的妻子可能受到魔鬼的侵擾。在一個偶然的機會中，我發現葡萄牙有兩個女人有驅魔的能力。我不顧醫生及親友的勸阻，和太太開車去了那裡。那兩名女人一開始為我妻子覆手祈禱，就告訴我，她附魔了。她們的祈禱有令人難以置信的效果；這是多年來，我的妻子第一次不靠藥物或鎮靜劑而能整夜安寧平靜地熟睡。她感覺非常好。她滿懷自信地從葡萄牙開車回家，令我大感訝異。

在我們離開之前，這兩位葡萄牙女人交待我們，每天都要誦念某些特定的祈禱文。一段時間之後，我們能夠過正常的生活了，但她後來又復發了。最後，一位神父幫助我聯繫到一名驅魔師。這位驅魔師的工作如此忙碌，一直到我與他聯繫後兩個月，才安排到他會見我們的時間。驅魔禱文和我妻子的激烈反應，我就不細說了。每次驅魔結束時，她都感覺很好，得到完全的癒合。而每次復發時，驅魔師就馬上來看我們，並教導我們要如何保護自己免受撒旦侵擾。

另外，治好我妻子的驅魔師，還有一位協助他的夥伴。他具有一種神恩，能分辨物體受到魔鬼感染（我將在稍後的章節中談論這一點）。他來到我們家，發現三個被感染的物體。我相信，當我妻子的祖母在召叫死者亡魂的時候，她因為在場，而成了一個魔鬼勢力的受害者。民眾應該受到警告，這種做法是非常危險的。但為何所有我們諮詢過的神父，對這些事都一無所知？

現在我妻子復發的頻率很低，她的微笑再現，她很高興仍然活著，祈禱，照顧我們的兒子，並重拾往日的友誼。她與以前簡直判若兩人。我對那位治癒她的驅魔師的感謝，難以用筆墨形容。在我們找到他之前的十五年，真是可怕的經歷。說來奇怪，在第三個千禧年將臨之際，雖然人已能在月球上行走；我們將電腦、電子產品、機器人視為理所當然；但我們卻對魔鬼的存在和危險一無所知，而這是至少二千年以前我們就已被警告過的事實。

只因為我們拒絕相信附魔的事實，而讓人遭受地獄般的苦楚，是正當的做法嗎？教會是否有足夠的驅魔師神父來因應我們這個時代的需求呢？所有其他神職人員是否至少應明瞭福音中的這些真理呢？難道我們必須放棄所有受到魔鬼侵擾的受害者，而來施恩於那些江湖術士，使他們得以利用這一切痛苦來使自己的荷包滿滿嗎？

我為我爆發的憤怒情緒致歉，但我深信，我們應該再宣布一次那些似乎已被人遺忘的事情。最後，我要感謝閣下，因為你任命的驅魔師治癒了我的妻子。

◆著名神學家的反面意見

我相信，在梵蒂岡第二屆大公會議之後，也許是出於對過去限制的反動，某些神學家經常以完全不恰當的方式廣傳他們的意見。他們開始將一些假設當作真理來教導。毫無疑問的，他們對今天的混亂和脫序情況實在難辭其咎。

然而，我不想以偏概全，因為仍有許多神學家謹守他們專業的界線，無意侵犯教會訓導權的範疇，而做出非常有價值的學術成果。我認同下面這篇由法國著名的神學家亨利．呂巴克（Henri de Lubac）發表的聲明，我與他的意見經常一致：

我拒絕聯署由神學家「公議會」團體於一九六八年十二月五日所發布的「宣言」。我認為這完全不正當、譁眾取寵，而且沒有目的（因為這些神學家實際上已享有完全的言論自由，而只是想要追求自己的獨裁權力）。以下是我的本文：

一、對於藉著新聞來彰顯某些事件的方式，我一直抱持保留的態度。他們訴諸最不適當、容易煽動、大部分是非基督徒的觀點。我不止一次地注意到這種發布方式的不宜。

二、在目前的情況下，這種方式似乎是雙重的不宜：(A)它有增加混亂和議論的危險，這不是活力，而是分裂的象徵。(B)教會真正革新的所有最後機會，都取決於維持並重建大公教會合一的認知，並在行動中確認。在現在的情況下，神學家們在為自己爭取更多（即使是合法的）自由和保障之前，有責任捍衛和促進這種合一。這是他們「無論何時，都負有傳揚聖言責任」的基本要義。如果只是單方面一意孤行，就變成只是需索，而別無其他意義了。

三、表達我的整個想法：太多事實表明，今天對許多神學派別的真正威脅是來自於非合法權威的種種壓力、宣傳、恐嚇與排斥主義。看到這一切所造成、或沒有造成的結果，我堅信教會訓導權所受到的嚴重阻礙，已遠超過要求言論自由權的這些神學家所受到的阻礙。

最後一個問題：在訴諸此種集體聲明和宣言方法之前，這些神學家中是否有任何一人曾以必要的尊重和自由向主管機關提出了誠心的改革或重組計劃？[5]

◆阻止冒牌者

馬里奧·內格里學院（Mario Negri Institute）的院長，西爾維奧·加拉蒂尼（Silvio Garattini）教授在一九九一年十一月號的《醫療訊息》（*Corriere Medico*）期刊上刊登了一篇簡明扼要的文章。文章中表明，醫生們一直努力想要揭發那些江湖郎中的「醫療行為」，驅魔師對此是完全支持的：

> 今日，醫療領域的偽專家達到空前未有的猖獗。我們只要打開電視機，不論轉到公共或有線電視台，就可看到充斥的巫士、超心理學家、異能治病者，高談闊論各種疾病，及最佳的治癒方法。
>
> 這些厚顏無恥的人除了癌症之外，什麼都敢討論。他們聲稱具有治療能力，從心臟病到關節炎，從糖尿病到坐骨神經痛，無所不能治療。他們以令人難以置信的大膽，他們回答與記者已套好招的問題，或接受常是預先排演好的人現場來電詢問。而他們沒有提醒觀眾，他們正在觀看的是付費的廣告。

安排在現場的醫生總是對他們表示贊同，以向觀眾保證這個採訪是合法的，並逃避可能的問題。雜誌廣告緊接著電視。他們提供各種各樣的商品，從減肥產品到天然食品，從水療按摩到草藥，以及無數消除脂肪和防止掉髮的產品。

由於大眾的輕信，廣告更加排山倒海而來。可以預期的結果是，許多人不僅是無謂地浪費了金錢，更嚴重的危險是，浪費了病患諮詢真正醫生的寶貴早期時間。任何有一點基本常識的人都應該問自己，欺騙自己身邊的人是否應該被視為合法。

義大利衛生部長對這些現象做了什麼？他有沒有試著提高他的聲量來提醒民眾？醫師同業組織呢？醫師同業組織能否革除那些出賣自己信譽、替違反醫療倫理的行為背書的醫生？多年來無人回答這些問題。但是，也許，為了維護公共健康而挺身站出來的人，是不會受到大眾歡迎的！

5 Henri de Lubac（呂巴克）著，《At the Service of the Church》，Anne Elizabeth Englund英文翻譯，（San Francisco: Ignatius Press, 1983），第三六六—三六七頁。

I

實際的驅魔過程

Nuovi Racconti Di Un Esorcista

第一章

如何辨認魔鬼的侵擾

現在我們要進入討論主題的核心：有什麼症狀可以幫助我們辨別，一個身心失調的現象是由於魔鬼的侵擾，或是自然的起因？這個問題很重要，因為我們要按照這個結論來決定，應該要將求助者轉介給醫生，還是為他做釋放的祈禱、或甚至要為他驅魔。我要討論的是源自我自己經驗的結論。《驅邪禮典》建議的少數原則是不夠的，市面上也沒有處理這類問題的書籍。因此，每個驅魔師所使用的方式各有不同，都是他們從自己的事工中所得來的經驗。

有些驅魔師開始時會先做問卷調查，但大多數驅魔師會先與可能的受害者和他的家人諮商。家屬的見證是非常重要的，因為受到這些症狀影響的人，往往無法分析自己的行為和反應。初步的訊問至關緊要，因為我們要從中瞭解哪些症狀有助於診斷、哪些症狀沒有特別意義，以助我們辨認這個案例是否由魔鬼造成。

首先，我們要記住：無論症狀多嚴重，我們無法以單一症狀來做出準確的診斷；必須要從幾個症狀來判斷，但最後，**唯有經由驅魔，才能真正地確定**。

我個人偏向在開始時做簡短的諮商，以確定是否存在「可疑」的徵兆；如果沒有這些症狀——這種情況經常發生——我只會提供一些適當的建議，而不會為他們安排看診。由於申請的數量非常、非常多，我都使用電話或郵件做第一次諮商，只有非常簡短而且必要的問題。

如果我注意到有「可疑」的跡象，我就會訂下一個看診的日期，並立即以測試性的驅魔開始。初步的驅魔是關係著兩件事的重要基礎——療效（解放）和診斷。第一次的驅魔祝福可能很短暫，也可能很費時，端視其反應而定。在驅魔的過程中，觀察當事人的行為是非常重要的，但往往其後幾天的反應更有意義。

在多次的驅魔之後，繼續追蹤患者情況的進展是至關緊要的，這不僅是為了受害者的利益，也是為了驅魔的成功。有時候，在第一輪驅魔之後，我就能夠做出明確的診斷，但也常碰到受害者的行為發生沒有預料到的轉變，因為在釋放的過程中，這種症狀會越來越明顯。

第一次諮商

在我第一次與患者電話諮商時，我會先問他為什麼要找驅魔師，是什麼跡象讓他決定打這通電話。我聽到的原因通常都是一些陳腔濫調，例如：「我聽說過魔鬼引起的疾病，我只是想知道我有沒有附魔。」但他卻沒有任何明顯症狀，談了幾句之後，我就會拒絕這個要求。在我結束這個案件之前，我通常會建議：「祈禱，常領受聖禮，按照上主的誡命生活，去除一切無謂的恐懼。」

有時，求助者會說：「神父，我的兒子變得易怒不安，我擔心他是被人施放了符咒。」這種情況下，同樣的，如果在幾個問題之後，我確定沒有任何可疑症狀，就只會給他我慣常給的建議。也曾有人說：「神父，我丈夫為了另一個女人拋棄了我。他是這麼地愛我，我肯定他是巫術的受害者。」詢問過幾個問題後，我再次確定沒有任何異常的跡象。沒有巫術的問題，她只需要一些有用的建議。

有時在電話中會出現警訊，例如：「神父，請為我安排一個看診時間，我遭人施了巫術。」我問：「誰告訴你的？」這時候，打電話的人可能感到自己的理由有些牽強，或是會被斥責，而自覺尷尬。但在我堅持詢問之下，通常會得到一些透露訊息的答案：「是一個吉普賽人。」或是「他是一個非常聖潔、虔誠的人，她為我覆手降福。」或是「我去做塔羅牌占卜，她告訴我有人對我施放了一個咒語，要我付她二千五百美元，她幫我解咒。我想我應該要來找你。」

另一個例子是：「我參加了一個祈禱團體。他們在為我祈禱後，確定我有一些邪魔的感染，並告訴我，我需要尋求驅魔師的幫助。」也可能是：「我找了一個很好的神父，雖然他沒有為我驅魔，但他給我做祝福禮。我的反應非常劇烈：我尖叫，自己摔在地上，並且說褻瀆的話。最後，神父告訴我，我需要接受驅魔。」或是「我去找了一個人，他是特異功能治療師還是生命能量（般那）治療師，我也搞不清楚。他為我做了一些儀式，給我喝了一些怪異的水。之後，我感到身體很不舒服，我意識到這事不對勁。」

現在有太多人號稱是聖人、神醫、塔羅占卜者、巫士、吉普賽人、特異功能者、神視者……等等。我們不太容易知道這些人的底細。我不贊成只是隨口罵一句「都是鬼扯、騙子」就算了事。即使其中絕大部分都是虛驚或詐欺，我們仍要分辨，因為有時我們還是會遇到值得注意的嚴重症狀。詐騙或巫術通常很容易識別。當我有疑問時，我會繼續做我前面提到的諮商，以尋找可疑的跡象。當我找到這些症狀後，我會訂下見面的時間，來繼續下一步行動。

有哪些**早期的可疑症狀**，會讓我覺得必須會見來電者？下面列示的是其中一些比較常見的狀況：

家人（通常都是家人打電話來，很少是當事人自己來電）告訴我，醫生對當事人的症狀感到困惑，因為無論使用什麼藥物，對這位患者都無法產生效果。當我說藥物「都沒有用」時，並不是說這些藥物沒辦法根治疾病；我的意思是不管施用什麼藥物，連應該會有的短暫、治標的效果都無法達到。例如：即使服用強效的鎮靜劑或安眠藥都完全無效，甚至產生反效果。當醫生無法做出診斷、藥物也無效時，這就值得懷疑是否有魔鬼的侵擾。

家人會繼續透露，這位曾經過著良好信仰生活的家庭成員，現在不再祈禱，不上教堂，別人邀他去時，他就大怒。他甚至會做出褻瀆的事，看到聖像也會激起他的憤怒。毫無疑問地，厭惡神聖的事物是分辨是否受到魔鬼侵擾的重要癥候之一。

還有一些其他的可疑跡象：反常的突發暴怒，或無法控制的暴力行為（雖然這些也都是心理疾病的常見症狀），例如：隨意侮辱他人、褻瀆聖物（這個很重要），但是事後卻記不起自己做過的這些事。

這時候，我會再問一些問題，例如：這些症狀什麼時候開始，是否與某個特別事件有關聯？一些可能會挖掘出來的重要資訊包括：曾經參加與靈異有關的聚會、常去找巫士，或是與毒癮者、涉足邪教者、常光顧夜店或舞廳的人交往。

通常，問題發生的起點可以追溯到某一事件，往往是某個特定的人。然後，我會仔細聆聽這位受害者行為變化的描述，注意其中是否有任何異常行為，例如：怪異的動作、暴力行為、任何似乎會刺激他或使情況加劇的事物。通常在諮商過程中，家人都會感到驚訝，他們原以為這些他們記得的細節和特殊事件沒有特別意義，卻被證明是非常有用的訊息。

初次的祝福禮

通常第一次「祝福禮」（為了不引起對方的緊張，我一般都這樣稱呼驅魔）顯示的跡象很少，因為打電話來的人往往會為了能得到看診的時間而誇大他的症狀，而我會以這些話來結束：「這不是驅魔的問題，而是接受信仰的問題。」

不幸的是，那些來向我求助的人往往都疏於祈禱和領受聖事。他們任意地不去主日彌撒，躲避和好（告解）聖事。我注意到，沒有辦告解是多年來一直在上升的趨勢，天主的誡命和教會的規律已經被人忽視太久了。我碰到越來越多非法、不正常、複雜的婚姻情況。現在，家人在一起時不再祈禱，而是大家都在看電視。家庭成員之間的對話逐漸消失，也就不足為怪了。

當我確定沒有任何理由懷疑這是受到魔鬼影響的情況時，我會為他們做一個簡單的祝福禮，如果情況適合的話，也會為患者念一段《驅邪禮典》建議的祈禱文。除此之外，在第一次驅魔——通常很簡短，但也可能因受害者的反應而增長——結束時，我都會給予關於祈禱、聖事與恩寵生命的忠告。根據我的經驗，一個完善的告解（我總是建議要以此為開端）加上熱誠的祈禱生活與天主恩寵（恩典），就足以解除患者的這些問題。若沒有祈禱生活和恩寵，驅魔也不會有效果。

之後，我會繼續追蹤每次驅魔的結果，特別是當我有疑慮時。事實上，大多數的情況是，一開始時，驅魔過程中不會有特別的反應，任何正面的效果（一般非常短暫，但也可能持續很久）通常都是後來才感覺到的，這也顯示出我們必須繼續進行驅魔。隨著驅魔的進展，受害者會顯示出越來越多魔鬼臨在的證據：其中一個最早出現的跡象是眼睛的轉動，無論是向上還是向下，這都是驅魔師十分清楚的現象。此外，患者會變得更加憤怒，爆發出尖叫和褻瀆的話。最後，當魔鬼願意回答問題時，顯示出他的力量（或是弱點）已被完全揭露。

有些受害者在我為他驅魔幾個月後（有一個甚至是在兩年之後），凌虐他的魔鬼才顯露出自己的全部力量。如果有人想要等到《驅邪禮典》上記述的三個附魔症狀（以自己不懂的語言說話、顯出超人的力量、洩露不為人知的神祕行為）全都表現出來才開始驅魔，那他永遠都無法走到「驅魔」這個階段。

我不用再多說，情況越嚴重，當然就越需要加緊祈禱，並請人代禱。同時也必須要找出受害者的生活中是否有任何阻礙他接受恩寵的問題，例如非法的婚姻、工作問題、財務糾紛、或有嚴重的不公義的事情。若有，就必須先消除這些恩寵的障礙。

發自內心的寬恕至關緊要，值得特別一提。有時我們幾乎確定這會造成異常的魔鬼侵擾。通常是由於某些非常不公義的事，造成親人之間或與其他人之間的惡劣關係。在這種情況下，我們必須要能全心寬恕，放下所有的怨恨，為那些傷害我們的人強烈地祈禱。寬恕常會消除所有通往恩寵的障礙，並使自己獲得釋放。很重要的是，在釋放開始之前，所有的邪惡情況都必須先揭露出來才行。

我們是否總是能夠達到完全的釋放？需要多久的時間？這些是難以回答的問題。聖雅風（Alphonsus）論及驅魔時提醒我們，雖然我們未必總是能讓人得到釋放，但我們總是能減輕受害者的痛苦。當我因為自己努力的成果不彰而感到氣餒時，肯迪度神父就會提醒我，我們只能盡力而為，但要把最後的結果交託給天主去決定。他總是不厭其煩地叮嚀：「想想看我們救了多少人靈！」事實上，我常常感受到這個事實：驅魔能帶給受害者力量，去接受自己的狀況，繼續前行。

在大多數情況下，我們能得到療效，而且常是完全的癒合。另一方面，我們無法預知這會需要多長時間。這取決於病況的嚴重程度以及魔鬼對受害者的控制強度。這也取決於患者本身、他的家人和願意為他祈禱者的恆心，以及他對天主完全交託的程度、天主對這個人的計劃，以及天主允許這種試煉的原因。特別嚴重的狀況，我們需要花三、四年的時間來驅魔，這種案例也不罕見。我個人認為，達成釋放所需的時間，直接關係著雙重的益處：

第一，對於受害者本人而言，他本應恢復經常祈禱的習慣，過著恩寵和信賴天主的生活，但如果太快得到釋放，就未必會回復到這樣的生活。事實上，我常注意到，有些受害者很快就被完全治癒，但他如果停止了所有的信仰活動，隨後的復發會比原來的情況更嚴重。

第二，對於親戚和朋友而言，他們會有更大的動力去祈禱，並因著信德，相信眼目無法見到、但真實存在的事物。我只希望許多聲稱除非親眼所見、否則絕不相信的人，可以為驅魔做見證！許多神職人員也將會因這種經驗而受益。可以確定的是，每當天主允許惡事發生，總是為了更大的益處。

在我們繼續之前，容我先提出兩個非常重要而且實際的問題，我將在下一章試著回答這些問題：驅魔是否絕對必要？有沒有其他釋放的方法？

實際案例

被魔鬼完全控制的修士

這個案例中的主角賈恩卡洛是一名二十五歲、已經發願的修士，正在攻讀神學，準備成為神父。

當我去看他接受第一次驅魔的情形時，他的症狀正在發作：他被拋擲在床上，有五名修士正在努力地把他按住。他修會的弟兄們日夜輪流地看護他、幫助他。症狀爆發時，他會試圖跳出窗外，需要五、六個男人來幫忙克制他。他的一隻手包著紗布，因為他用拳頭打破了兩扇窗戶。

教區的驅魔師每週來為賈恩卡洛驅魔，我受邀來提供意見及協助驅魔。研究他病歷的精神科醫生和主教任命的教區驅魔師有相同的結論：他附魔了。然而，他的某些症狀無法令他修會的長上相信。由於他們仍有一些懷疑，遂安排了一位羅馬著名的精神科醫生，預定在我到訪一週後做更多的測試。

賈恩卡洛是一位品格十分端正、非常優秀的修士，深受他的上司和同僚們的喜愛。他從準備進入修會前的保守期，到進入修會後的初學期、發誓願、發終身願，一直證明他有成為一位好神父的優良素質。他非常忠於祈禱生活，是一位性情開朗的好學生。沒人料想到他會突然受到這種打擊，雖然事後回想起來，有些事情可以看出不同的意義，例如他突然感覺自己無法祈禱或待在教堂裡，在一次暴力危機之後，他第一次試圖自殺。

從那時起，他每天會有好幾次（甚至在夜裡）遭受到暴力危機，每次持續兩、三個小時。需要有人幫助他，例如強力地抓住他，而他則會高聲尖叫，時而發出陰冷的笑聲，時而說褻瀆的話。他瘋狂地衝撞，試圖傷害自己。他也遭受到長時間無法動彈的詛咒，每次長達三、四個小時。在這期間，他無法控制自己，不能言話，對外界的刺激（即使用針刺）也沒有反應。雖然如此，他仍意識清醒，事後能記得曾經發生過的一切。

經過長時間的驅魔後，我深信在我眼前的是一個被魔鬼完全控制的案例。我非常讚賞他的修會從上到下對他的全力協助。他的長上相信他可能被附魔（這在神職人員中是不常見的）。他盡一切可能希望得到治癒；他甚至給自己最艱難的工作，譬如徹夜祈禱。我也讚賞他的兄弟們，除了不斷地為他的治癒祈禱外，並輪流幫助他。我來到後，確認他們採取了所有正確的步驟，同時他們在等候羅馬的精神科醫生來做進一步的確認。

不幸的是，這位精神科醫生決定帶著他的妻子（一位心理學家）一同前來。在我看來，這位心理學家完全預設了患者的診斷結果。這次的看診包括與患者短暫平和的面談，但兩人拒絕留下來觀察就匆匆離去，而就在與他們面談後不久，受害者發生了另一次暴力危機。

毫不意外地，他們的診斷指稱，賈恩卡洛有歇斯底里症，建議他離開修會，度假一個月後，就會痊癒。在這期間，他必須暫停所有宗教性的活動、驅魔，以及他人的協助。長上對這位名醫的處方感到非常困惑，因為他們知道，賈恩卡洛的暴力侵襲和自殺企圖需要有人嚴密地看顧。

與此同時，我可以看到，驅魔已經開始呈現正面的效果。我建議教會的長上再尋求第三個意見：他們已經聽過兩位精神科醫生的意見，再詢問第三個也無妨。此外我還建議，作為最低的預防措施，他們應從少數瞭解並具有治療附魔經驗的精神科醫生中選擇。

所幸他們採納了我的建議。被諮詢的精神科醫生做了徹底的檢查後，報告指出患者的身體與心理狀況都完全正常，並確認了他親自觀察到的情況，就是：賈恩卡洛顯現的症狀是對神聖事物感到恐懼，這是一種典型的附魔。

因此，賈恩卡洛繼續接受密集的驅魔，以及我們在類似情況下也會使用的其他方式。天主給了他豐厚的恩典。他的情況開始逐步並且快速地改善，超出了最樂觀的期望。我每個月去為他驅魔的時候，都可以看到他的進展，而教區的驅魔師則繼續每週一次的驅魔。我相信這個案子能成功解決，是由於整個團體的祈禱和賈恩卡洛的充分合作。他以堅強的意志與熱誠，依照我們的指示，與魔鬼的攻擊對抗。

在三年內他就幾乎完全治癒，剩下的幾個後遺症很快地就消失了。要說到他附魔的原因，可以追溯到他出生時的情況（他被他的父親拒絕，因為他的父親不想要任何孩子，尤其是男孩），他的癒合真的很快。我們後來發現，導致他附魔的事故在他整個生命中不斷地積累，直到他第一次暴力襲擊時爆發，從而暴露了多年來所累積成的一切邪惡。

在我漫長的驅魔歲月中，沒有兩個案例是完全相同的，但我卻碰到過幾個需要較長時間才能釋放的受害者。面對這種情況，有時，我能做到的只是讓受害者的生活變得比較安適些而已。

一位精神科護士的告白

以下，是一位精神科護士的來信，非常真摯地講述了她的親身經驗與心路歷程。

閱讀了一位神父在一本著名的天主教雜誌上寫的關於魔鬼的文章，我忍不住要寫一篇文章來反駁。我相信這位作者是真誠的，但我在這裡證明，在我身上所發生的事情與他在文章中斷言的完全相反。

我現年五十四歲，從事精神科護士之職十六年。雖然我有很多過錯，而且我沒有很虔誠地履行信仰生活的義務，但我一直相信天主。小時候，我接受過領受聖體聖事的基本教導，但我一直疏於繼續接受信仰教育或增進對信仰的瞭解。我的信仰終至崩潰，自也不足為奇。數十年來，我不曾踏入教堂。我曾以自己的方式祈禱了一段時間，但後來停止了；然而我卻變得不快樂。我覺得我拒絕了我非常需要的愛。

七年前，我的孩子長大離家之後，我開始有更多自己的時間，而我感到一種想要與天主加深關係的渴望。我嘗試過，但是那需要付出很大的努力。我感到無趣、束縛、自我封閉，幾乎無法與人交往。這讓我害怕。同時，我注意到有許多同事逐漸受到精神病的影響，我害怕自己會成為下一個精神病患。所有企圖幫助我的人，包括醫院的牧師在內，都失敗了。我拒絕所有事物：一早醒來，我就對所有人、所有事都充滿敵意。

我覺得內心深處有一股想要殺人的暴力，那是根植於我很早期的生命過往，但由於自己所受的教養，壓制住了這種衝動。我滿懷沒有來由的怨恨，我想尖叫，但是由於自我控制的習慣，我外表看起來非常平靜、友善。從青春期以來，我就有自殺的傾向，但我一直設法抑制住這些念頭。我一直生活在痛苦的狀態中。

夜裡，我常被同樣的兩個奇怪惡夢困擾，時好時壞地持續了許多年。第一個夢是，我看到一個人站在一個空的管道末端，我不知道這管道只是一個紙捲筒還是下水道。我從沒看到這個人的頭，但他不斷地重複：「你將是屬於我的人。」那時我就開始尖叫，我很害怕，但同時我又想跟隨他去。直到我先生發現我在做惡夢，將我搖醒，才會終止。

在另一個夢中，有人將一個九、十個月大的女嬰放在我的懷中，我也很高興地接受了。突然間，她的小身體變得像鉛塊一樣沉重，我努力地要抱住她，怕她會摔下去，但我雖然費盡力氣，最後還是讓她受傷，害了這個小生命。先生將我搖醒後，我會滿懷悲傷地向天主祈求，將我從這些噩夢或預感中救出。

一九八九年，我遇到一位驅魔師，雖然好像只是出於偶然，但我相信是上主的意旨。我盡力地向他解釋我的感覺，我生命中發生的許多怪異事情，以及我無法祈禱的情況。他告訴我，我是遭到魔鬼的侵擊，他可以幫助治療我。這真是太好了。他開始為我驅魔，但沒有用任何戲劇化或驚天動地的手勢。一切都是以最慎重、最周詳的方式進行。

慢慢地，我所有的敵意，以及想要對周遭每一個人爆發忿怒的感覺，逐漸地消失。我不再滿懷怨恨，我不再受困於自殺或暴力的念頭。我的惡夢不再。似乎我一生中累積在心內，隨時想要爆發出來的所有邪惡，都消失無蹤了。

我開始忠實地過我的信仰生活。現在我常祈禱，但我知道我仍被「標記」。魔鬼不肯放過我，有時他會干擾我的身體和心靈。當這些侵擾變得難以忍受時，我又去找我的救護者——驅魔師。他恢復我的平安，並導引我將自己的痛苦與基督的苦難結合。我願意接受這個痛苦的使命，作為我為所有受到撒旦折磨之人的代禱。

我一直懇求聖神的幫助，我相信是祂在導引我，教我如何以自己的痛苦經歷來幫助別人。我們都曉得，一個小偷能看出另一個小偷，一個騙子會認出另一個騙子；事實上，雖然我謹慎行事，也避免驟下斷論，但我相信我能辨認出那些被魔鬼欺凌的人。例如，我懷疑困擾我們醫院中的一位病患西希莉亞的病，是魔鬼的侵擾所造成的。她在精神科治療了十五年，但是她的一些行為並非典型的精神病患——這與她的診斷不符。

我建議她去看驅魔師，並經常陪她同去。經過幾次驅魔後，她幾乎完全痊癒。我們部門的精神科醫師承認，她已痊癒，並坦承他也不明白為何。雖然西希莉亞仍然受困於她以前的一些習慣，因為她需要重建自己的心靈，但是她的正式診斷書可以棄置不理了。成功的驅魔為她和她的家人帶來了無限歡樂。

在我向驅魔師提及我的部門的另外兩名患者，瑞琪和希薇亞之前，我再次猶豫了一陣子。他從未見過她們，卻為她們做了一些特別的祈禱。你一定會感到驚訝，這就足以使她們免於各種各樣的暴力，並得以出院。醫院的所有醫生都訝異地發現，「她們」的努力得到如此快速的療效。

這讓我啞然失笑！舉一個例子來說，瑞琪在出院前向我透露，整整一個月來，她沒有吞過任何一顆他們給她的藥，而是把藥扔到馬桶裡。為什麼我們如此不願承認天主可以醫治呢？這是真實的。驅魔師不想聽我說「你治好了我」，他總是一再強調，天主垂顧以信德祈禱的人。

這就是為什麼我要寫這封信。我想告訴那位在天主教雜誌上寫那篇文章的神父，我的卑見是，魔鬼的侵擾有很多不同的程度。我沒有在學校學過這些；但我看到他們的行動。我想要告訴他，我們需要真正合格、專業的驅魔師，但大多數的神父並不瞭解這些事情。我相信今天魔鬼活動的實情比以前更普遍；現在神父需要對魔鬼有所瞭解，比他們在修院陶成時更加地迫切。

引起我寫這封信的作者聲稱附魔的情況很少見。他這樣說也不算錯，否則就好像是在為魔鬼做廣告一樣。但是那篇文章有個盲點：沒有提及還有許多其他不像附魔那樣嚴重的魔鬼侵擾。文章最後建議，一旦我們意識到某些奇怪的現象或行為，就應去找一位好的精神科醫生。我想以我在精神科病院工作十六年的經驗來告訴他：「如果你知道一位真正可以勝任的神父，就先去找他。」

我為所有驅魔師祈禱，我也請求你們為他們祈禱。願上主賜給他們履行這個艱鉅任務所需的一切恩寵。我祈禱教會將體認到所有在驅魔領域工作的人都明瞭的一件事：我們需要培養稱職的驅魔師，因為所有涉及這個領域的人都很清楚，現在驅魔師不足的現象無比嚴重。

第二章

驅魔和釋放的祈禱

聖經上說：「信的人必有這些奇蹟隨著他們：因我的名驅逐魔鬼，說新語言。」（馬爾谷／馬可福音 16:17）耶穌首先將驅魔的權柄給了十二宗徒（使徒），之後又給了七十二個門徒。在這幾句話中，他也給予所有信他的人同樣的權力。

這有一個條件：我們必須以他的名行事。一個能驅逐魔鬼的人，不管他是不是驅魔師，他的力量都在於他們對耶穌之名的信心。〈宗徒大事錄〉（使徒行傳）告訴我們：「除他以外，無論憑誰，決無救援，因為在天下人間，沒有賜下別的名字，使我們賴以得救的。」（4:12）因此，這種權力是直接來自於基督，沒有人可以限制或隨意解讀。

為了更有效地幫助受害者，以及保護我們不致受騙，教會建立了一個特別的聖儀：驅魔禮。為免造成誤解和混淆，我們應以合宜的話來陳述：「驅魔禮是一種聖儀，因此，它是由教會建立的。只有獲得主教特別和明確授權的神父才可以施行（一般信徒絕不可以施行）。」所有其他讓人從魔鬼權勢下釋放的禱文，無論是由神父或是一般信徒來念，都是屬於私人祈禱，可以被視為「釋放的祈禱」。

我無法容忍任何其他說法，因為那樣只會造成混亂，尤其是如果錯用「驅魔禮」這個名詞的人是個有名望的人時。譬如，有些人將驅魔師舉行的禮儀稱為「隆重驅魔」，而由一般神父舉行的稱為「簡單驅魔」，我完全無法苟同這種劃分法。我們論及驅魔禮時，是專指教會制定的聖儀，**只能由驅魔師執行**，使用的是《驅邪禮典》中的特定禱文。現在神父和一般信徒使用的所有其他形式，不論是團體或個人的祈禱，都不是驅魔禮。洗禮是包含驅魔禮的唯一聖事。

驅魔和祈禱的效用

驅魔與祈禱的差別何在？何者更為有效？對於這個問題我會說，它們的**目標是一致**的：將人從魔鬼的附身或侵擾中釋放出來。但其療效在程度上有所不同，則是一個比較複雜的問題。

一位普通信徒為求使人從魔鬼權勢下釋放而做的私人祈禱，憑藉的是所有教友都具有的普通司祭職的身分和基督賦與所有信他的人的權力。神父為同樣目的所做的祈禱也屬於私人祈禱，與教友的祈禱完全相等，但更有效，因為他所憑藉的是公務司祭職的身分和祝福的權力。當驅魔師施行驅魔時，效力更大，因為他舉行的是一個聖儀，一個呼求整個教會代禱力量的公眾祈禱。

然而，我們應當明瞭：**上主看重的是信德**。因此，一個普通信徒的簡單祈禱，即使只是私人祈禱，也可能比其他任何人的祈禱更有效力。同樣的，一位不是驅魔師的神父，以很大的信德所做的私人祈禱，也可能比一位經主教授權、但信德較差的驅魔師的祈禱更有效。

舉例而言，聖加大利納（Saint Catherine of Siena）的神師及為她寫傳記的真福雷蒙加布（Raymond of Capua）曾說，當驅魔師無法使人從魔鬼釋放時，他會教這人去找聖加大利納。然後這位聖人會為他祈禱，使他獲得釋放。她的祈禱不是驅魔——她既不是驅魔師，也不是神父——但是，她是一位聖人！

我們也要牢記另外一個因素：我們談論的不只是念釋放禱文的人的信德程度，我們也指受害者、他的家人以及為他祈禱的朋友的信德。福音敘述的一個癱子被治癒的奇蹟，他的朋友看到耶穌所在的屋內人太多，無法進入，就拆開房頂，將他垂降下去放在耶穌面前。這時基督看到了「他們的信德」，遂行了奇蹟。因此，他在乎的不只是癱子的信德，也包括那些與他一同的人的信德。

關於驅魔和祈禱之間的關係，除了兩者的唯一目標都是要使附魔或受魔鬼侵擾的人得到釋放外，沒有什麼其他需要討論的。這兩者之間並沒有很明確的區別，而且可以用於同一個受害者。我再補充一點，驅魔是用於特別嚴重的情況。《天主教法典》論及驅魔時，只針對附魔者而言（法典一一七二條），也就是真正被魔鬼附身掌控的受害者。雖然沒有任何法規禁止對其他形式的魔鬼侵擾使用驅魔禮，而且所有的驅魔師也都這樣做，但對於輕微或不是那麼嚴重的情況，我們還有其他的協助辦法，例如釋放祈禱。一般常用的獲得恩典的方法——祈禱、聖事、守齋、行愛德的工作等等——可能也就足夠了。

以下是我的實際觀察。正如我之前提過多次的，不幸的是今天很難找到一位驅魔師，因此，如果我們知道大多數的情況並沒有嚴重到需要驅魔師，將會有助於舒緩這情況。事實上，由於驅魔師的人數很少，最好只有在最嚴重的情況下才求助於他們，避免讓別人可以處理的情況來造成他們過重的工作負擔。這本書幾乎是專門討論驅魔，但我相信，提出幾個關於釋放祈禱的觀點仍然是很重要的。

★第一個觀點

惡魔的「一般作為」（誘惑）和「特別作為」之間，沒有明顯的區別。這一觀點與我們將要談論的補救措施也有關。舉例而言，如果我們像猶達斯（猶大）一樣，一再屈服於誘惑和某項重罪，就可能完全被魔鬼附身控制。補救、預防和釋放也是同樣的：獲得恩典的方法，通常是克服誘惑及從附魔中獲得釋放的根本要件。

★第二個觀點

我們必須藉著牧靈活動，從基督徒的良知中，喚醒對基督的忠誠以及對抗魔鬼的意願。每一位信友經由洗禮與堅振，必會感受到與惡魔進行的戰鬥。我們知道我們的身體是聖神的宮殿，魔鬼想從我們這裡奪走這個特權。我們知道耶穌來是為「消滅魔鬼的作為」，我們必須與他合作。正如魔鬼每天攻擊我們一樣，我們也必須每天與他對抗，而藉著聖神的力量，我們必會獲勝。

生活在天主的恩寵中，意味著我們必須信守我們領洗時所做的承諾：永遠向基督說「是」而向撒旦說「不」；我們若不這樣做，就會陷入罪惡。今天，我們的宣講和教理似乎缺乏這種戰鬥觀。然而，整本聖經（尤其是新約）一再強調此點。我們需要重振這種理念。護守並增強天主的恩寵是對惡魔一般作為（誘惑）的勝利，也是對惡魔的特別作為的最佳防範。

★第三個觀點

現在我要繼續討論釋放的祈禱。讓我釐清一點：**所有祈禱都是好的**，特別是朝拜和光榮天主的祈禱，正如保祿（保羅）所說：「以聖詠（詩篇）、詩詞及屬神的歌曲……歌頌讚美主。」祈禱也可以是自發的，學會如何自發性地祈禱總是一件美好的事。當我們在一個團體中祈禱時，帶領者（無論是一般信徒或是神父）都必須導引這些自發性的祈禱，以確保流暢及秩序。

近年來，彷彿出於天意，神恩復興運動團體在無意中促進並拓展了釋放的祈禱。然而，由於這些團體缺乏經驗，教會為他們提供了他們所需要的具體指導方針。[1]我要為神恩復興運動的祈禱團體對遭受魔鬼特別作為的人的關懷，以及對所有在這方面有需要的人所提供的幫助，致上我萬分的謝忱。他們的工作具有非常特殊的重要性，因為今天幾乎已經沒有任何其他團體能夠體會這些事的重要性了。

信理部對驅魔的提醒

然而我們仍需謹慎從事，因此，我們應當牢記教廷信理部於一九八五年九月二十九

1 我介紹兩本非常有用的書：L.J. Suenens著，Joseph Ratzinger 樞機作序的《*Renewal and Power of Darkness*》（倫敦：Darton, Longman and Todd, 一九八三年）；Matteo La Grua著，《*La prehiera di liberazone*》（Palermo: Edition Herbita，一九八五年）。

日發給所有主教的信中所言。我將根據信理部的這些準則，略加解釋哪些行為是被禁止的，以及哪些是必須當作的：

- 首先，除了獲得授權的驅魔師外，**其他人不可舉行正式的驅魔禮**；甚至包括教宗良十三世的驅魔禱文，雖然那些禱文現在已經屬於公有領域。私人使用教宗良十三世的驅魔禱文是另一回事；至少這是我對上述文件的理解。
- 我們必須避免**直接詢問魔鬼**，企圖找出他的名字或任何其他東西。且先不論其他因素，任何人若沒有獲得適當的教會授權，就冒然地與魔鬼進行直接對話，是非常危險的，因為他沒有得到教會的保護。

這份文件最後提醒我們要重視祈禱和聖事，以及聖母瑪利亞、天使和聖人的轉求。

除了文件的指導方針外，我們應該注意以下幾點：

- 釋放的祈禱沒有固定形式。受害者可以**獨自**或與一些朋友一起做此祈禱。**祈禱團體**也可以誦念這些禱詞；這個團體可以非常大，代表幾個受害人祈禱。無論在什麼情況下，培養一種退省（從日常生活中抽離一段時間，做深入的祈禱與自我省察）的精神是非常重要的，如此才能產生由衷與信賴的祈禱。

- 我們可以使用普通的方法，譬如**用聖水祝福，以及展現十字架苦像**。如果是較大的團體，最好是由神父用水祝福。我也相信，在家庭祈禱時母親或父親祝福孩子——用拇指沾聖水在額頭上畫十字聖號——是非常有效的，甚至應該在釋放的祈禱之外，單獨地推廣這個做法。
- 非常重要的是，尤其是團體中，**要避免一切可能引起好奇的事物**，因為這會分散祈禱的熱誠。舉例而言，在祈禱時如果受害者發出尖叫或躁動，必須由他的家人或特別指定的人緊緊地按住或幫助他。如果一個祈禱團體中有些尚未準備好的人，那麼只能由適任的人在別處舉行釋放的祈禱。如果參加這些聚會只是出於好奇，而沒有意願要在祈禱中積極配合，則是有害無益的。
- 我也建議要**極端謹慎地選擇使用的手勢**。我知道在有些團體中，每個人都需要將手放在祈禱對象的頭上或肩上。為人覆手是聖經中常用的姿勢，但建議只有**神父或帶領祈禱的人**才能做這事。其他人可以依他們的習慣，朝向被祝福的人舉右手或雙臂，但不要碰觸到他。可以使用方言（異語）祈禱，但必須有秩序地進行，以避免任何情緒激昂的現象。正如我已經說過的，最有效的祈禱是對天主的崇拜和讚美。

- 祈禱團體有很大的助益，無論他們是做釋放的祈禱或是幫助驅魔師，因為他們帶領受害者**加強祈禱生活與對教義的瞭解**。我經常使用祈禱團體，因為堂區常常無法提供這種服務（這是很不幸的一件事），雖然按常規，這應是他們的責任。每一個受到魔鬼侵擾的受害者都應該經常祈禱，但他們需要協助。他應該要去教堂，但因為他不斷地想要離開教會，所以需要有人帶他去並獲得旁人的鼓勵；他需要有人陪著他去領聖體，因為他自己無法做到。他還需要參加一個教理班，因為受害者通常對信仰的瞭解不足。這是教宗所要求的「新福傳」。我們可以自己做所有這些事情，或以團體的力量來執行。經由我們的工作，我們進入一個亟待我們耕耘的個別教導的領域。
- 最後，我必須強調一點，驅魔期間的行為準則與釋放祈禱期間的行為準則，兩者大不相同，後者遠不如前者那麼正式，因為除了我所提過的少數特殊狀況外，釋放祈禱沒有特別規定必須遵守的形式。重要的是要懷著信德，跟隨帶領者，井然有序地進行。

當從事釋放祈禱的人應邀到驅魔的現場以祈禱來支持及協助受害者時，應由驅魔師按《驅邪禮典》的規範進行驅魔聖儀。若有其他神父在場，他們可以在驅魔師的帶領下，誦念同樣的《驅邪禮典》禱文。一般信徒的參與僅限於靜默或悄聲的祈禱，不可有任何不符合教會制定的手勢（覆手等等）或舉動。在場祈禱的人若是知道並謹守自己的角色，為驅魔師是很大的助益。

「你們要因我的名驅逐魔鬼。」——耶穌基督賜給所有信他的人的力量是驚人的。實際的應用需要很大的信德，要非常地謙卑，竭力避免突顯自我。我記得，有一次約佐（Jozo）神父（所有去過默主歌耶〔Medjugorje〕朝聖的人都知道他）在為他堂區的某個人做釋放祈禱，這個祈禱持續了幾乎整夜；教堂裡擠滿了人，特別是朝聖者，他們也試圖用自己的祈禱來支持他。

最後，專精於這個領域的約佐神父說，受害者無法得到釋放，因為人群中有太多的人只是出於好奇才堅持待在教堂裡，想要看到驅魔的結果。我自己注意到，即使只有一個人是出於錯誤的理由來參加，也可能危及驅魔的成功。

實際案例

自我釋放的例子

我經歷過許多被釋放的個案，雖然沒有任何兩個案例是完全雷同，但我們可以按其類似的性質加以分類。現在我將舉出兩個代表某些特殊情況，並且對我們可能有幫助的例子。

自我釋放。容我再說一次，耶穌基督賜給所有信他的人力量——「因我的名驅逐魔鬼」——指的不僅是釋放別人，也是自己的釋放。再次，我們必須牢記，最佳的防禦方法是順服天主的恩寵、祈禱、領受聖事，以及請求聖母瑪利亞、眾天使和聖人為我們轉求。我們已經看到，某些遭到魔鬼全力攻擊的人，並不是由於他們自己有什麼過錯。有時上主也會允許魔鬼得逞地攻擊人靈，其目的是為了受害者本身的淨化，與作為別人的典範。例如，上主允許聖經中的約伯、許多聖人與良善的靈魂經歷這樣的審判，正如祂允許我們每個人受到各種痛苦的考驗。

在這一章中，我要特別強調一個事實，大多數時候，這些受害者是經由自己的努力，克服他們所受的試探並且完全掙脫了魔鬼的影響，而不需要依靠釋放的祈禱，更違論驅魔禮了。我們可以說，他們為自己做釋放的祈禱。

要驅逐某些魔鬼，只要使用普通的方法：仰仗天主的恩寵以及主基督所舉出的三大工具就足夠了。這些工具是甚麼？首先，在福音中，當九位宗徒無法治好那個附魔的男孩時，耶穌告訴這個男孩的父親，他需要**很大的信德**。再來，他告訴宗徒們，他們需要**祈禱**和**禁食**（禁食就是第三項）才能驅逐某些魔鬼。我們必須記住，我們現在指的是聖經定義的禁食。

以下兩個是相當近代的自我釋放的例子：聖鮑思高（Saint John Bosco）以及真福若望．加拉布瑞（Blessed Giovanni Calabria）。從聖鮑思高的生活紀錄中，我們得知他曾遭受魔鬼特別作為的侵擾達兩年之久。我們不知道他到底如何使自己得到釋放的，在這件事上，聖鮑思高非常地緘默。然而在字裡行間，我感受到，他是因為謙卑而不願向我們揭示他為克服試煉所作的重大補贖。有一件事是肯定的：這一切都是他親力自為的。也就是說，他不需要靠別人的釋放祈禱，更不用說驅魔了。

另一個例子是若望．加拉布瑞，他創建了一個修會。一九八八年四月十七日，教宗若望．保祿二世（Pope John Paul II）造訪維羅納（Verona）時，宣布他列品真福。

在加拉布瑞神父的晚年，上主允許他經歷一段真正附魔的日子。顯然這個試煉的目的是為了淨化和補贖。在他列真福品的正式審查文件中，清楚地指明這位聖潔的神父是以他的信德、謙卑和祈禱，將自己從附身的魔鬼下釋放。他不需要依靠釋放的祈禱或驅魔禮。我相信這些鼓舞人心的例子對每個人都有用，即使不是每個人都能夠做到這一點。

淨化邪魔作祟的手帕

這個有趣的個案是一個很好的例證，說明了在沒有個人過錯的狀況下，仍然可能發生的事。

述說這個事件的是瑪利亞·德勒莎（Maria Teresa）修女。他是義大利的傳教修女，在巴西聖保羅附近的一所中學教書。該校約有七百名女學生，其中八十名外地學生與修女一同住校。她們當中的葛洛麗亞是位聰明、有禮、樂於助人的女孩，她是家中六個孩子的老大，這是她要完成小學教師訓練的最後一年。她的父親已過世，負擔她學費的祖父希望她成為老師後，就能幫助她的弟妹。

葛洛麗亞返鄉省親回來不久，德勒莎修女開始注意到一些從未發生過的事情：老師對葛洛麗亞有些負評。她變了，她似乎十分落寞，且經常曠課。所以關心她的修女為了陪伴她，假裝對她上的地理課感興趣而來她的班上。

這位女孩進了教室後，一打開課本，就掉出一條顏色鮮豔，參雜著紅、黃、綠色的折疊的手帕。當修女想要去抓住它時，手帕似乎自動躲開了修女伸出去的手，而在空氣中消失。當葛洛麗亞看到這一幕時，大聲呼喊說：「哦，天啊！我不能失去它！」正在這時，上課鈴聲響起，修女把女孩送回去上課，並告訴她，稍後會幫助她找回失蹤的手帕。

之後，修女在葛洛麗亞的書桌上，一頁一頁地翻遍每一本書和作業。最後，她看到手帕夾在最下面一本書的底部。她必須把手帕抓得很緊，因為它好像是通了電，企圖逃走。這件事情太過怪異，修女立即感到必有蹊蹺。帶著一些顫慄恐懼，修女祈求聖母的轉求。然後她對著小手帕，像是對著魔鬼一樣地說：「可恥的傢伙！至聖童貞聖母瑪利亞已經粉碎了你。」她跑進廚房，把手帕扔進一個熾熱的火爐裡。手帕被燒毀後，葛洛麗亞食不下嚥，日益衰頹。憂心她的德勒莎修女，私下苦苦地勸她講出她回去探望家人時發生了什麼事情。

這是一個關於勞苦終日、夜不成眠，和怪異遭遇的故事。她一回到家，就開始整天忙碌，照顧她年幼的弟妹，操勞家務，以便她的母親可以外出幫傭，賺取微薄的工資。晚上她無法安眠，因為有一種震耳欲聾的聲音——似乎是發自她的枕頭——使她不能入睡。之後有一天，一個女人走進她的房間，蠻橫地對她說：「你一畢業，就要和我的兒子結婚。現在，拿著這條手帕，小心地保管。如果你把它弄丟了，你就無法再讀書，你所有考試都不會通過，而你必死無疑。」

女孩哭泣著繼續述說她的故事。她說，她盡力按照那個女人所說的話去做，因為她愛她的媽媽和弟妹。德勒莎修女專心地聽完了她的傾訴之後，安慰她放心，並說：「信賴聖母，聽我的話去做。」

首先，她們去了教堂，在那裡葛洛麗亞做了一個完善的告解。然後當四下無人時，她們去了女孩的宿舍，修女查看了那個「吵雜」的枕頭後，叫葛洛麗亞將枕頭撕開。女孩顫慄恐懼地照做了。她們發現在枕頭裡面有一團用布裹著的東西。葛洛麗亞一見此物就面色發白地高聲尖叫道：「我的頭髮！」然後她想起，在怪事發生的那天，那位不速之客曾眼明手快地剪了一撮她的長髮並隨手帶走。然而，更教她吃驚的是，枕頭裡還發現一條與被燒掉的那條完全一樣的手帕。

在校園的一邊，有一個燒廢紙的垃圾桶。兩個人點燃了火，把枕頭內的東西都扔進去：布包、頭髮、還有其他小物件，東西很快就燒起來，但是手帕比較難燒著。所以她們又丟了很多紙張進去，最後才燒盡。在過程中，她們一直都在祈禱——在這種情況下，這是非常重要的事。德勒莎修女不斷重複地念著：「願至聖童貞聖母瑪利亞的腳跟，繼續踩碎你這應受詛咒的惡靈。」

此後，葛洛麗亞的食慾恢復了，她能夠安穩地熟睡，她的學業成績也很好；她感到平安、自由。德勒莎修女講完這個故事後告訴我，她以前一直不相信有巫術，但是現在……

為小男孩驅魔

一九八七年，兩位熱心祈禱的神父（他們不是驅魔師）應一對堂區教友夫婦的請求，答應為他們的十一歲男孩驅魔。這名聽話、安靜、可愛的男孩，並沒有顯出任何異常跡象。神父帶他進祭衣間去驅魔時，他的家人待在聖堂裡祈禱。

神父一開始念祈禱文時，這男孩就開始尖叫、亂踢、吐口水、褻瀆、咒罵。連續兩小時，神父用盡各種他們認為可能有用的東西為他驅魔：畫十字聖號、灑聖水、點祝聖過的蠟燭，以及燒香爐。這期間，小惡魔不斷地暴跳如雷。兩個小時後，他們決定停止。

十五天後，這對父母又把這個男孩帶回教堂。這一次，他神情緊張。神父一開始祈禱，他就大發憤怒，當他們向聖母、聖方濟、聖本篤（堂區的主保）以及總領天使聖彌額爾（天使長米迦勒）祈禱時，他就更加憤怒。在整個第二次的過程中，其中一位神父一直用一個大十字架畫聖號，魔鬼就越來越被激怒；很顯然地，他即將要被降服。事實上，他開始大聲求救，呼叫其他惡魔及所有邪靈的名字，特別是路西弗（路西法），但沒有什麼顯著的效用。

突然，他喊道：「喔，不，不要是聖母！（也許他可以看到她來了。）不，不要是白鳥！（他能看到聖神（聖靈）的出現嗎？）那隻鳥在這裡！他的力量最大！」在最後的厲聲嘶喊中，男孩跳起來，接著又精疲力竭地跌倒在地上。

這時四周完全地沉寂下來。事件結束了。兩位神父流下喜悅的眼淚，所有在聖堂裡祈禱的人都猜想到發生了什麼事，衝到祭衣間，也流淚了。
掙脫魔鬼束縛後的幾天中，這個男孩從附魔者變為有神視的人（這是常有的現象，也是一個棘手並且危險的轉換過程，魔鬼常使用這個伎倆，企圖重返可憐的受害者身上）。這個期間並沒有持續很久，這名男孩從那時起就非常健康。他現在固定會來教堂，輪到他在彌撒服務時，他會很高興。

◆主教提倡釋放祈禱

一九九二年六月二十九日，義大利伊塞爾尼亞．韋納夫羅（Isernia-Venafro）教區的安德列亞．傑馬（Andrea Gemma）主教在他的牧函中，向教區的所有神父下達了一個重要的指示。我希望每位主教都能效法他的榜樣。在此，我只節錄這個指令的關鍵要點，而不引述相關的聖經和神學的理論基礎，因為那些將只是重複我之前已論及的內容。

我們只要知道，聖經中論及魔鬼之處超過一千次，僅是新約就有近五百次，這就足夠了。這封牧函給了我很大的希望，因為我可以指出，至少有一位勇敢的主教能夠看到顯然已被天主教界人士漠視的現實狀況：

我謹依我的全部職權與牧民責任，提出此一倡議。切望你們接受此信的指示，並抱持神性的望德，將其付諸實踐。如果上主願意，恩賜我們努力的成果，我將會欣然地與你們分享。目前，我所能做的只是信賴祂。

當我告訴你們，撒旦的邪惡和黑暗的作為——正如教宗保祿二世所稱——遠比我們想像的更為廣泛和致命時，請不要懷疑。俗世的假專家（其中有些甚至是基督徒和信仰導師）所發出的懷疑諷刺，是採納錯誤資訊所造成的膚淺結論。隱藏在沉默下的懷疑主義，就是魔鬼得勝的主要成因之一。試問，牧養天主子民的人是誰？請不要輕忽這個問題。如果你這樣做，這將是一個罪不可逭的疏失和恥辱。

我知道，我的牧職責任之一就是要以極大的耐心聆聽我的所有神職弟兄。當然，所有事情都必須經過良好的分辨，特別是為神父們而言。然而，當我們遇到一個精神正在受苦的人時，他可能在不自覺中受到了魔鬼的侵擾（畢竟，這不就是魔鬼擅長的工作嗎？），我們絕對、絕對、絕對不可敷衍應付，只想簡化問題，甚至更糟的，拒絕聆聽他們。耶穌絕不會如此做！

難道我們的神職人員不知道，正是由於他們的冷漠，才導致許多單純無知的人轉而求諸魔法、巫術以及其他旁門左道嗎？不幸的是，這些就是魔鬼侵擾的首要手段，也是他的勝利。我們要持續不懈地保護信友免於傷害！

我建議用釋放祈禱的團體作為對抗魔鬼侵害的武器之一。唯有當這團體是由一位受命的神父主持時，我才會派遣這個團體。每一位信徒都可以祈禱。然而，在這種情況下，因為只有神職人員可以做驅魔禮，所以主教可以、也必須發布命令，規定所有受委託、專為這個特殊意象代禱以及做釋放祈禱的團體，必須要由經過任命的神職人員來帶領（主教在這裡補充說，他會每月一次親自參與一個釋放祈禱的團體）。

當所有這些方法都竭盡所能之後，我們才可訴諸驅魔禮，而我們都明瞭，唯有主教和他正式任命的神父可以行驅魔禮。

任何時候神父都可以為個人或地方祝福。但他必須明確地指出，如果請求祝福的人沒有信德，或沒有跡象顯示他拒絕罪惡、經常領受聖事，或是規律的祈禱，那麼任何祝福都不會產生效果。當缺乏這樣的信德時，祝福本身就只會被當作是一種護身符，從而無異於迷信。

為了持續地公開表明，我們有責任全力準備對抗那相反良善與人靈的敵人，我特此命令，在每次彌撒結束、神父降福之前，必須誦念以下禱文（主教以他的權柄賦與這些祈禱文特殊的釋放權力，並要求主禮彌撒的神職人員應當遵守）：

主禮：我們遵從教宗及主教的教導，懷著感恩之心牢記我們所受的洗禮和堅振，拒絕撒旦及其所有的作為及誘惑。

全體：我們拒絕！

主禮：聖母瑪利亞，始胎無玷者。

全體：為我們信賴你，請為我們祈求。

主禮：聖彌額爾總領天使，在戰爭的日子裡保衛我們，免我們陷入魔鬼邪惡的陰謀，和奸詐的陷阱中，我們謙卑地祈求，但願上主譴責他。上主萬軍的統帥，求你因上主的威能，把徘徊人間，引誘人靈，使其喪亡的撒旦及其他邪靈，拋下地獄裡去。阿們。

全體：阿們。

主禮：（以教宗及主教的意向）祝福會眾。

第三章

魔鬼出現的原因及後果

到目前為止，我概要地敘述了附魔以及由魔鬼造成的疾病的主要原因。我現在將更詳盡地探討這個議題。請記住，有些魔鬼侵擾的案例，我們無法找出它發生的起源。聖經在這問題上對我們沒有幫助，因為雖然耶穌和宗徒經常將人從魔鬼的控制下釋放出來，但他們從來沒有透露過這些人附魔的原因。

很多聖人的生活也給予我們很多釋放的例子，但同樣地，我們通常並不知道是什麼原因導致附魔。我們只能看到簡單的狀況描述，但不足以進行診斷，例如，我們會看到魔鬼立即伏倒在基督的腳下，或是耶穌立即看出有魔鬼在這個人的身上。我們在聖人的生活中看到的情況，也大抵如此。

不幸的是，為我們驅魔師而言，問題並不是如此簡單。偶爾有些附魔者一看到我們就高聲尖叫地大步倒退，全身蜷曲起來（但這也可能是由於患者的歇斯底里，自己幻想或類似的原因），也有人在我們一為他覆手時就起強烈反應。但是，大多數時候並不會發生這種情況，因為魔鬼想要以身體或心理疾病來掩藏他的存在。但是，不管他多麼努力地遮掩，終歸會失敗，因為他無法熬過驅魔師的祈禱和禮儀。甚至常常在驅魔師還沒被請來之前，魔鬼就已承受不了家人及神父的祈禱、祝福、灑的聖水，而被迫露出痕跡，使人知道他的存在。

然而，確定地診斷出魔鬼的存在只是一個開端。我們還需要找到下面這些問題的答案：是什麼性質的附魔？是如何發生的？是什麼原因使得魔鬼持續出現？驅魔師問這麼多問題是因為他們感覺到，在大多數的情況下，現在需要比過去花更多的時間才能使人獲得釋放。我們知道時間屬於天主，我們不能預料需要多久才能使人釋放；但是我們有責任盡己所能，減短附魔者的受苦時間。也因此，每一位驅魔師都會逐漸發展出一些個人技巧，包括手勢和調查的方式，他也可能與曾經提供過有效助益的人合作，無論是經由他們的祈禱或是藉著他們的某些神恩或超感，以提供有用的訊息。

幫助驅魔的八種方法

接下來我們要討論驅魔的技巧，這是相當困難的議題，也不可能得到眾人的一致認可，因為它反映出個人經驗，不可能所有驅魔師都相同。然而，儘管有這些缺點和風險，我們仍不能不加以研究。談論這個議題的其中一個風險就是，我們會完全依賴人的研究，好像只要依靠我們自己的能力就能得到釋放一樣。其實不然，釋放是完全取決於基督之名的權柄和福音中所列的三個先決條件：信德、祈禱和禁食。

另外一個風險是，我們會變得依賴某些方法，因為它們能獲致很好的效果。不幸的是，當驅魔師使用「這些」方法時，他可能會陷入巫術的範疇，因此他的力量不再來自基督，而是來自其他不明的來源。譬如，我遇過一些驅魔師，他們陷入「使用鐘擺來找出魔鬼存在」的陷阱。另外有些人將幾滴油倒入裝滿水的盤子中，也獲得了一些成功。還有更多的「捷徑」，但我不贊成使用這些方法，因為在我看來，這些方法十分可疑。相反地，我將描述一些我可以放心保證的技巧。

❶ 留意新的事證

在每次連續的驅魔之後，我們都會發現一些新的事證，或是對前幾次驅魔中所發現的一些要素有更深入的瞭解。有一種常會出現的可疑類型是**對天主恩寵的阻礙**，這必須要查明，尤其是當我們無法得到任何進展的時候。例如，最常見到阻礙我們接受天主恩寵的就是「無法寬恕」。寬恕我們的仇人可能是福音中最困難的誡命。我們必須全心地寬恕，將一切怨恨拋諸腦後，為傷害我們的人祈禱，跨出和好的第一步。這些是對我們決心的艱難考驗。

不遵循天主律法的生活型態也是一種對恩寵的障礙。我常遇到一些夫婦，他們要在相當久以後，才承認他們不是處於正常的婚姻狀態。現代社會的縱容，模糊了許多良知的標準，特別是在這個議題上。有些人可能背負著過去所犯大罪的重擔，因為他們所做的悔改或補贖不夠，雖然他們曾為這罪（例如墮胎）辦過告解。這些罪以及其他許多罪，都會造成接受天主恩寵的障礙，並且阻擾釋放的進展。一旦障礙消除，我們就會立即看到進展。

❷ 避免吸收到負面能量

我注意到，魔鬼疾病的受害者常常就像海綿或吸水紙一樣，非常容易吸收所有朝他們而來的負面能量，並因此受苦。負面能量的根源可能是一個地方或是一個物體，但最常見的是來自一個人。有些人可能會注意到，當他接近特定的某人（去他們家或接待他的來訪，甚至只是接近他的身邊），就會引起持續數小時甚至數天的痛苦。值得一提的是，這種承載負能量的人往往並不自知，也沒有邪惡的意圖。

負能量的受害者通常能夠感覺到其他的受害者，因為他們的出現會造成他的痛苦。在這種情況下，他們必須盡量避免（雖然有時不可能完全做到）與會造成他痛苦的人接觸，因為接觸是造成這種無意義痛苦的根源。有時甚至很不幸地，我們必須犧牲與朋友或親人的關係，以將接觸減至最少。

我們也可能從某些地方（譬如：房舍、辦公室或商店）吸收到負面能量。不用論及魔鬼感染的議題，我要說一個具有「吸收性」的人，當他進入某間房屋或商店，甚至某個教堂時，就可能會感到痛苦。這種受苦毫無益處，所以我們應該盡可能地避免這樣的地方，但是如果不可能（就像有時我們無法避免有負面能量的人），我們就應該採取我們能找到的最有效的防禦方式，例如聖像，而最重要的就是祈禱。

物體也可以傳播負面能量。當我們發現負面能量起源的物體時，就很容易避免與它接觸或銷毀它。我也發現，當一個人越來越得到真正的自由、不會受到魔鬼影響時，他的吸收能力也會下降。因此我總是說，當受害者被治癒後，他將會從「吸水紙」轉變為「防水紙」。

❸ 抗拒特殊的能力

特別的超感往往與魔鬼的騷擾並存，例如，能預測未來、能清楚地感覺到魔鬼的能量或是異常能量的出現、尤其是會聽到聲音和看到影像。這些聲音可能只是一個小小的困擾，但大多數時候這聲音可能會催促人去做一些事：某些行為、祈禱、或褻瀆。這聲音也可能會透露與他人有關的怪異事件，或是傳達一些完全無法理解的東西。

我們必須不斷全力抗拒所有這些超感，即使有時我們可能認為這是特殊的能力，或者這聲音的訊息可能對我們有利。這些超感可以說是「撒旦的恩賜」，尤其是「聲音」，我們必須竭盡全力拒絕它們，絕對拒絕聽從它們的建議。我們必須不受這聲音所影響，無論多麼困難也只按照我們相信的正確途徑行事——正是這些掙扎，會幫助我們的療癒。雖然這些特殊能力可能像是強而有力的恩寵，但依戀它們是非常危險的。我們的依戀甚至可能會妨礙痊癒。當我們被釋放後，所有這些現像都會戛然而止。

❹ 斷絕與魔鬼的關聯

我們常聽到的與撒旦的關聯，可能是經由以下其中一個管道形成的：

——我們自己的意願

——我們自己無心的行為

——別人的意願

無論其動機如何，必須斷絕這種關聯才能獲得釋放。在此三者中，最容易補救的是第一項：我們的自由意志。我們所要做的只是棄絕魔鬼。我們必須先查明另外兩個原因，才能確定是什麼阻礙了療癒過程。

將自己獻祭給撒旦、與他歃血為盟、參與撒旦教儀式或參加撒旦學校（義大利已經有很多這類學校）以成為撒旦的司祭，都是直接、自願地與撒旦建立關係。要得到治療，就必須堅決地拒絕撒旦，重發受洗時的誓言，以及賠償對天主和對身邊之人所行的一切惡事。

我們常常會因為不夠謹慎而與魔鬼建立關係。例如，當我們去找巫士或以塔羅牌算命這類專行魔法的人，我們與他們建立了關係，也經由他們與魔鬼建立了關係。當我們與施行巫術及從事招魂會的人來往時，也是如此。當我們參與邪教的祭典，隨意地按占卜或星象來決定行事，就等於冒著與魔鬼建立關係的危險。所有這些關係都必須斷絕。

再者，與魔鬼的關係也可能在非常隱蔽、幾乎無法察覺的情況下形成。例如，我們可能出於無知或好奇而參加撒旦的聚會；玩玻璃杯或硬幣的「遊戲」；我們按照許多隨手可得的說明書來模仿魔術師；或者在某些電視頻道看「魔法教學」的節目。

有一次，我遇到一個十六歲女孩，我十分困惑是什麼造成她如此頹喪，她無法上學或做任何其他事情。她的父母感到絕望無助。我不知道她是否參與了什麼危險的事情。後來，知道她幾乎與外界完全隔離，我試探性地問了一個問題：「你喜歡玩牌嗎？」她肯定地答覆後，我繼續說：「你會試著預測未來，或是猜測某人做了什麼事嗎？」她又點頭。然後我問：「你的預測每次或幾乎每次都準確嗎？」她第三度回答說：「是的。」我再問：「誰賦與你預測的能力呢？會是天主嗎？」女孩不知怎麼回答。有可能就這樣天真地與魔鬼締結了關係。

最後，我們可能由於別人的惡意而與撒旦建立關係。例如，一個嬰孩可能從他在母親腹中就已被奉獻給撒旦。詛咒的領域是廣泛而多樣的，有些型態的獻祭不僅會造成魔鬼引起的疾病，也會與魔鬼建立真正的關係。在我們試著治療附魔的受害者時，這些關係的起源會逐漸顯現而被我們發現。除了通常的釋放方法（祈禱、領受聖事、奉獻給耶穌和聖母、驅魔）之外，這些情況需要藉著重發洗禮的誓言，來斷絕與魔鬼的任何關係或對他的依賴，無論這些關係是什麼原因造成的。

❺ 詛咒的類型

我的第一本書已經詳細地討論過這個議題。在這裡，我再次強調，如果被人施放了詛咒，我們必須知道具體的細節，以及是否因此造成魔鬼的疾病。例如，詛咒最通常是使用邪術或魔法來施行，我們需要找出它是如何發生的、它的對象是誰。如有必要，要找出所有隱藏的被詛咒過的物品，並將其焚毀。如果被詛咒的物質是添加在食物或飲料中，受害者必須使用祝聖過的聖水、油和鹽，將這物質從體內排泄或嘔吐出來。在這種情況下，懷著信德使用聖水、油和鹽這三項聖儀，是非常有助益的。

詛咒也可能是由於家人的某些行為所造成，譬如：咒罵、經常褻瀆、參加共濟會，或使用靈異或魔法等等。補救的措施包括祈禱、寬恕、補贖和代禱（也為死者），依情況而定。

❻ 誦念棄絕的祈禱文

會造成特別反應、攻擊折磨人靈的邪靈，可能在驅魔師與受害者面談或祈禱（可能只是釋放的祈禱）時出現，例如憤怒、報復、不潔或自殺的邪靈都可能會不期然地出現。我的經驗是，誦念棄絕特定邪靈的祈禱文是非常有效的。

「棄絕」包括斷絕與惡靈的關係、宣示自己拒絕誘惑的意志，以及祈求釋放。常常當受害者誦念到棄絕某個邪靈時，會突然顯得異常不安，我就知道我已經命中目標了。若我們不斷努力，就會看到受害者行為的轉變，性格逐漸地改善，寧靜及平和的時間增加，有如看到聖保祿（保羅）漫長的清單正在逐一實現一般。這個清單列舉了肉身的效果與聖神的效果。漸漸地，我們看到聖神的果實開始取代所有肉身的果實。

7 以耐心面對復發

釋放的歷程不會一直穩定上升，而會有高低起伏。突然的退步可能是由於受到新的詛咒（如果這是惡魔疾病的原因），或是與會造成負面影響的人會面——特別是當這種會面無法避免時，例如親人中有從事巫術或招魂的人。

在我剛開始從事驅魔時，有一位患者讓我記憶鮮明：這個女孩到現在仍然受到負面能量的影響。似乎這種邪術會定期地復發。當其復發時，症狀非常明顯，因為她來與我會面時，就好像又被負面能量「充電」了。我很沮喪地問我的老師肯迪度神父，如果我的工作沒有效果，這個案件怎麼可能結束。他毫不猶豫地答說：「天主是最強大的。釋放可能推遲，但不會被阻止。」魔鬼使用許多伎倆企圖阻攔受害者和驅魔師本人。他試圖磨損他們的意志，讓他們相信，他們的努力將會徒勞無功。

通常，最嚴重的情況都是由多重因素所造成，幾乎沒有單一事件造成的後果。然而我們慣常於只責怪某一件事——我稱之為「催化劑」事件——這事件可能是詛咒、與一個邪惡的人會面，或只是無妄之災。

舉例來說，一個好朋友邀請我們去他家，當我們到達時，他們正在舉行招魂會。不久之後，我們身體出現嚴重的症狀，而必須去看精神科醫生，最後要尋求驅魔師的幫助。因此我們認定，這個聚會或詛咒是造成魔鬼侵擾的原因，但通常事情並非如此。當我們調查受害者的成長背景時，可能會發現從他幼年、甚至他尚在母胎之時，就已成為魔鬼下手的目標。當他六、七歲時，可能就「復發」過，然後到十幾、二十歲時，可能又「復發」一次。每次復發，受害者都感到有些不適，但因為情況並不嚴重，也就掉以輕心。結果，「催化劑事件」成為壓垮駱駝的最後一根稻草，但此事件並非造成魔鬼疾病的唯一原因。

治癒的過程中**要有極大的耐心**，因為所有的創傷會逐漸被發現，而後**一個一個得到治癒**。這是為何嚴重的情況通常要經過很長時間和很大的努力才能治癒的另一個原因。

❽ 切勿輕易相信

在我繼續之前，我想要補充一個重要的觀察。我們絕不能相信那些曾施行魔法、邪術或咒語的人，即使他們是親戚也不例外。我們當然必須寬恕、放下所有的怨恨、為這些人祈禱，但是，即使他們聲稱已經改邪歸正，我們仍須與他們隔離。

只要他們一息尚存，就還有改變的可能，但即使如此，他們仍有最嚴重的罪：與撒旦關係密切。我發現**最壞**的情況總是發生在我們相信這些人真的改變了，而與他們恢復了友誼的時候。我不是在譴責、審判他們，因為唯有天主能夠審判。這只是我基於許多痛苦經驗所得出的勸言。這是一個相反於聖神的黑暗罪惡領域。雖然只有天主能夠審斷，但我們仍須保護自己，不可懵懂無知。

下面這些實際經驗顯示，事件的前因後果與得到釋放的關聯。我將特別指出對病痛起源的研究，如何深入地進行，以及最後得到什麼樣的解救。

原名「猶大之獅及被祭羔羊團」的「天主教真福團」（Community of the Beatitudes）是法國一個隱修的默觀團體，他們在一九七七年成立了「聖路加醫療團」（Saint Luke Medical Group）這個靈修與神恩的醫療團隊，旨在救助由心理或魔鬼引起的病痛。創建一個專門幫助受魔鬼侵擾的受害者的組織，是一件非常有意義的工作。我很高興地強調這點，因為雖然教會的修會團體自始就一直在協助信友各方面的需要，但這是第一個專為此目的而建立的團體。很顯然過去大家都認為，將人從魔鬼的權勢下釋放出來的任務是完全屬於主教的責任。

下面我將用菲利普．馬德雷博士（Dr. Philippe Madre）所著的《免除自己的罪惡》（*Ma liberaci dal male*）一書中的例子來說明這個團隊的工作成果：

二十八歲的E．S先生是藥學系的學生，也是認真的基督徒。他來找我們，因為他會突然產生自我毀滅的衝動，譬如，從樓上的陽台跌下、跳到火車底下、上吊等等。衝動時來時去，沒有任何特別的原因。這種情況從幾個月前開始，並且越來越頻繁，雖然他很堅定地抗拒這種衝動。這是一種特別的神經恐懼症，無法以心理學來解釋和說明。

無論是生理或心理的檢查，都沒有任何結果。經過我們團隊大家的分辨後，得出的結論是，這個人是邪惡詛咒的受害者。當我們詳細詢問他的時候，他終於想起了，在他八歲的時候，有一個滿懷仇恨的女人告訴她母親，她詛咒了她和她的兒子，並會以巫術來導引他去自我毀滅。我們發現疾病的原因之後，只做了一個簡單的釋放祈禱就讓這位年輕人從他的恐懼症中解脫出來。

每位驅魔師都有他自己的方式，我會盡量利用我認為有幫助的方式。當我看到像前面我引述的方法時，我會等到有更多的資訊再做判斷，但我仍會提出一些疑問，因為我相信有更好的方法來治療心理疾病以及魔鬼造成的疾病。當涉及後者時，我們的力量是完全基於基督以他的名號給我們的誡命，那就是：「人的能力是無用的，需要的只是信德。」

實際案例

娜蒂雅的邪惡旅程

娜蒂雅和她的先生（一位成功的商人）都來自傳統的天主教家庭，每日祈禱，主日參加彌撒，常辦告解，每週領受聖體。當他們知道自己無法生育孩子的事實之後，他們決定合法地領養一個男孩和一個女孩。

這件事引起了一些親戚惡毒而且危險的猜忌，這些親戚擔心會失去這對夫婦現在給他們的財務支助以及他們將來能分得的遺產。娜蒂雅的哥哥娶了一個會邪術的女人，特別是通靈和巫術。

一九七八年，娜蒂雅開始感到身體不適。特別是她患有奇怪的心臟、肝臟和脾臟的疾病，所有醫療措施都沒有效果。接著她又有精神上的困擾。她開始感到無法祈禱和領受聖體，她有褻瀆十字架和聖母瑪利亞的慾望。她無法再參加任何宗教性的禮儀和聚會。

過了幾年，在一九八八年的夏天，娜蒂雅割除了膽囊，但她的健康狀況依然沒有改善，她的醫生建議她去一家有名的溫泉療養。在那裡，娜蒂雅的疼痛加劇，痛苦難當，於是她去看了一名當地的醫生。聽完她的病歷之後，醫生問她是否為教友。娜蒂雅給了他正面回覆後，他肯定地告訴她：「你的病超越了所有醫藥科學的治癒能力。我建議你找一位好神父：如果你願意，我可以推薦一位在這附近，可以幫助你的神父。」

她採納了這個建議。這位神父幫助娜蒂雅改善了她的祈禱生活；他鼓勵她積極地進行這場屬靈的戰爭，因為每一位虔誠的基督徒都蒙召來從事這場戰爭；他為她念了一段時間的釋放禱文。最後，神父注意到她恢復的進度比預期的慢，因而開始懷疑有魔鬼作祟，並告訴她：「你需要一位驅魔師。問你的主教要一個名字；如果他不能幫你，再試另一位主教。」

娜蒂雅和她的先生一回到家，立即致電主教公署，並找到教區驅魔師的名字。他們在一九八八年八月十六日去見他。經過三次會面和徹底的檢驗後，神父開始他的釋放祈禱，旨在中斷娜蒂雅與任何想要傷害她的人之間的關係，其中包括：一個朋友嫉妒她能夠領養這麼好的孩子、涉足邪教的妯娌，以及這對夫婦雇用來照顧他們鄉間住家的傭人。

這棟房屋座落在一大片農地的中間，雖然處在偏遠的鄉下，這間房舍仍有很怪異的嘈雜聲。娜蒂雅和她的先生後來發現，以前的屋主是撒旦教的成員，並曾經使用這個地方來舉辦魔法儀式和黑彌撒。神父為這房舍驅魔並焚毀所有可疑物品之後，所有噪音都停止了，也恢復了寧靜。然而那些使得娜蒂雅無法去教堂、祈禱、領受聖體和閱讀聖經的「障礙物」仍然存在。神父繼續不停地做分辨，並在諮詢一位經常幫助他的精神科醫生後，決定為娜蒂雅驅魔。雖然第一次驅魔後，情況沒有任何改善，但患者的反應清楚地顯示出她並沒有任何心理疾病，而同時她的撒旦反應則逐漸惡化。最後，娜蒂雅變得如此憤怒，把所有附魔的力量都顯露出來。

這位驅魔師使用經過實際驗證的方法來對付魔鬼，試圖切斷娜蒂雅與所有負面能量的人的關係。這是他所用的經文：「因我們的主耶穌基督之名，賴至聖童真聖母瑪利亞之恩寵，藉總領天使聖彌額爾、聖伯多祿及聖保祿宗徒，以及所有聖人聖女之轉求，我破除你這個邪靈（當他找出魔鬼的名字時，他就說出這個名字）和娜蒂雅之間的所有黑魔法（巫術、詛咒等等）的祕密關聯。我束縛該邪靈的一切力量，命令他離開娜蒂雅，俯伏於主耶穌的十字架下。」1

當神父呼求至聖童真聖母瑪利亞、聖伯多祿及聖保祿宗徒、聖彌額爾，或是聖五傷畢奧神父、教宗若望保祿二世、聖若翰・衛雅司鐸，都會引起娜蒂雅的強烈反應（許多驅魔師會詢問患者最喜愛的聖人的名字）。逐漸地，她開始比較能夠祈禱和領受聖體。她的先生助益很大：他和她一起祈禱，與她一起參加祈禱聚會，每當他感覺到她有需要時，都會為她代禱。受害者親近的人所提供的協助，是至關緊要的。

隨著驅魔的推進，神父使用越來越多的轉求的禱文：聖詠（詩篇）、公用禱文、玫瑰經、讚美詞。這些禱文使得魔鬼非常地困擾，因此他開始尋求妥協：「我們可以達成協議。」剛開始時，他停止褻瀆，「只是」侮辱驅魔師。最後，有一天魔鬼提議：「留給我以下這六名親人（並指名他想要的），我會離開娜蒂雅。」這時，驅魔師呼求聖神，祈求破除魔鬼想要的這六個人與所有黑魔法、邪術、巫術的關聯。在這些事情的過程中，魔鬼越來越憤怒。最後，當驅魔師將此六人全都奉獻給無玷聖母聖心時，魔鬼絕望地嘶吼：「如果你將他們奪走，我還剩下什麼？我會變成什麼樣？」

在撰寫本文時，娜蒂雅還沒有完全治癒，但她的情況在不斷進步中。值得一提的是，娜蒂雅使用很多聖水，除了用來自己祝福外，她也飲用。在驅魔期間，她對傅抹聖油的反應非常好，她以極虔誠的心接受病人傅油聖事。附於她身上的許多邪魔因此顯現出來——這些邪魔聽命於一個最強大的魔鬼。神父常在娜蒂雅領洗的週年紀念日為她驅魔，達成的效果非常好。有一次在為娜蒂雅驅魔時，有位主教也在場幫忙。主教非常高興，不但因為娜蒂雅的情況得以改善，也因為他自己得以參與驅魔。[2]

現在她與她的先生都經常辦告解。她表示，這個聖事給予她很大的力量；她領養的兩個孩子現在分別是二十歲及二十二歲，也都受益於這種熱忱祈禱生活的陶冶。

見證團體祈禱的力量

有一次，我同意與一位身材高大的軍人會面，因為在我們的電話交談中，我感覺

1 讀者請參考上一章中關於直接詢問魔鬼的討論。以上及本書其他地方所引用的驅魔禱文，專門給經正式任命的驅魔師使用。

有足夠的理由懷疑他被附魔。即使有時我們懷疑患者對症狀的描述誇大其辭，甚至是完全捏造的，在我們排除他是受到魔鬼作為的影響前，仍有必要與他當面交談。所幸此人是與他的父親和叔父同來，這兩人都魁梧有如「泰山」，必要時，他們都能夠派上用場。結果我真的需要幫忙！當我為這年輕人覆手時，他暴跳如雷。只經過三次驅魔，結果就已經很明顯了。

我想順便一提，大多數根源很久的附魔，並不見得是最暴力的情形，治療的時間也未必最長。有時候，對驅魔反應最劇烈的人，反而只需要幾次會面就能被釋放。在另一方面而言，我也見過某些似乎只有輕微反應的受害者，但他們的附魔根深柢固，需要好幾年的時間來驅魔才能成功結案。

讓我繼續來講那位年輕士兵的故事：他打電話給我，取消了我們的第四次約會，理由是軍事任務的關係。幾個月後，我收到他的一封信。他告訴我，他必須離開羅馬，因為他突然被調到義大利北部。他很感激我對他的幫助，並且歡欣地報告讓他得到完全釋放的事件：

我痊癒了。是耶穌基督的聖神將我體內的邪魔驅趕出去。因為那種痛苦是如此地強烈，我從不敢奢望我能痊癒，更別說是如此地快速。在一個偶然的機會中，我遇到了一個福音教會團體的成員，他知道我的情況後，邀請我去他的團體，接受他們的代禱。我去了，這個團體為我祈禱了很久。第二天，我就已經感到我的情況有很大的進步。

接下來的那個星期日，他們邀請我去他們的教會，在那裡他們呼求耶穌基督的聖靈覆蓋我。我感受到像你在為我祝福時那樣強烈的反應。在祈禱以及與魔鬼戰鬥半天之後，他們需要休息一下，就請我在下午晚一點的時候再回來。當我再回去的時候，他們又開始祈禱，他們幫助我呼求基督潔淨的聖靈的時候，我摔倒在地上。當我終能再次站起來時，我的痛苦消失了。我感到自由、光明。我恢復了自我——我曾經是的那個人。

再次感謝你為我所做的一切。我覺得我有責任寫信給你，以見證耶穌基督為我所做的事。主行了各種奇蹟；他治癒了染有毒癮的人，他釋放了受到比我更嚴重詛咒的受害者。我要為我所得到的救贖做見證，以光榮他。

這封信包括他的姓名和住址，以及上主曾用來醫治他的五旬節福音派基督教會的地址。我必須承認，這封信原先讓我感到有點不安，但是我想到了〈馬爾谷福音〉的記載，耶穌斥責宗徒若望（約翰），因為他說：「師傅！我們見過一個人，他因你的名字驅魔，我們禁止了他，因為他不跟從我們。」（9:38）因此我試著去欣賞這個團體的信德，並從這位士兵的經驗中汲取教訓。

盡可能地以團體，而不是個人單獨地祈禱是很重要的。最重要的是，我們應該懷著信心，長時間地祈禱。這是上主的行動，要使用什麼工具，由祂決定。

◆一個未解決的問題

我無法否認，在許多仍未解決的案例中，有些是由於缺乏神職人員的牧民關懷。因為我已經討論過這個問題，所以我不再詳細敘述很多令人感到不安的答案和行為，這些例子不但完全不符合福音的精神，也遠遠地背離了教會的規則。

下面這個具有代表性的例子，我想已足以說明我的觀點。我得到允許，可以說出事件發生的地點是在波隆那（Bologna）。在寫本文時，這是義大利唯一沒有驅魔師的主要教區。當他們任命驅魔師時，波隆那將保有最後一名的榮譽（這與我來自鄰近的摩德納教區無關）。

年方十八歲的索尼雅，像現在很多年輕人一樣，她已經到過很多地方，經歷過各種冒險，其中包括與龐克族黑幫建立了某些關係，並參加了許多撒旦教的儀式，與他們一起招魂。她的努力所得到的回報，是一些非常怪異的現象。

她常引人側目，因為她總是在脖子上圍著一條黑色的圍巾，戴著黑色的大太陽眼鏡。她無法忍受陽光：只要一不小心曬到，她就會尖叫、蠕動，慌忙跑去躲藏。她聲稱夜裡經常有鬼魂造訪，使她無法入睡。有時候她會唱些奇怪的慢歌，具有東方風味的曲調。她常有突發性的暈眩，使得她隨時隨地都可能昏倒。

索尼雅和她的父母都不信神；他們遍訪名醫，尋求治療之道，但沒有人能夠診斷出病因，遑論改善病情。她總是面容憂苦。當她向密友傾訴痛苦時，她顯得十分恐慌。她相信大家都把她當作瘋子。她常常沒有來由的跌倒，不論是走路、坐在椅子上、上下公車或汽車，她總是說「有人」推了她一把。她從來沒有因為跌倒而嚴重受傷，卻會感到渾身不知哪裡的痠痛，但即使是她摔倒撞到的部位，也看不出有任何真正的傷處。有一次她在學校中，確實像是被人推下樓梯，讓旁邊的朋友看得目瞪口呆：因為好像什麼事都沒發生過。她只淡然地說，好像有人用力推了她一下。目睹這件事故的人證實說，她看到索尼雅被一種「無形」的力量推下樓。

最後，她家的一個朋友，因為本身工作的關係，常出入主教公署，並與一些輔理主教（這是一九八六年的事）熟識，於是他向一位主教請益，並請他介紹驅魔師。得到的答覆是，不但沒有驅魔師，也沒有必要找驅魔師。主教還對她的恐慌嗤之以鼻，告訴她不要胡思亂想，因為神父有更重要的事情要處理，不能浪費時間在這種愚昧的問題上。之後她又向其他神父求助，結果也是徒勞無功，因為對這些人來說，這種事情似乎都是可笑的無稽之談。

從此之後，索尼雅足不出戶，連她僅有的幾個好朋友也都疏離了，沒有人知道要如何幫助她。

因為我對此個案的所知僅止於此，我無法肯定地說索尼雅遭遇的是什麼問題。但是，僅憑我所知道的這一點資訊，就足以證明她確實需要驅魔師的協助。沒有找到任何驅魔師是令人遺憾的，那些被諮詢的教會神長的行為是可恥的。不幸的是，我必須要說，我已經記錄了太多、太多類似的經驗，包括被諮詢者的姓名及他們所給的答覆。我只能說，「信基督的人」，其做法必會不同（馬爾谷福音 16:17）。

第四章

困難和仍然存在的問題

八項值得注意的事

一般來說，除非在初期會談中就可以清楚看出沒有魔鬼侵擾的因素，不然會向驅魔師求助的案情都不會太單純。前者的情況只需要一些善言和忠告，在妥善的告解後，真心地悔改，重新過一個堪當天主恩寵的生活，以祈禱及領受聖事來滋養心靈。

若是在第一次會面時，就發現我之前提及的許多可疑記號中的任何一個，我們就需要開始嚴謹的調查。在過去幾年中，我遇過許多來自各國的驅魔師，他們每人都有根據自己的經驗和習慣所得出的方法。我從他們那裡學習到很多，但我很少仿效他們。我是肯迪度神父訓練出來的，我仍然忠於他的方式。我也意識到，有時一位驅魔師得心應手使用的方法，另一位驅魔師使用時，卻未必能有同樣的效果。

❶ 在早期階段有兩個廣泛使用的步驟

方法一：驅魔師會先花很多時間來調查和詢問。在會面很多次之後，他才開始行祝福或驅魔禮。

方法二：一旦驅魔師發現可疑的跡象——這也是我採行的方式——就會開始做簡短

的驅魔祈禱。如果後續的情況更明確，他會視需要延續祈禱。我之前說過，開始驅魔的目的是為了診斷，診斷確認之後，目標才會變成釋放。唯有藉著施行驅魔禮，我們才能確認是否有魔鬼侵擾的因素。

使用第二種方法的驅魔師——部分原因是不得不如此——多半都有應接不暇的案件。如果每個案件都用好幾個小時來訊問和調查，我們將浪費很多時間在那些並不需要我們幫助的情況。這些驅魔師將等待及觀望的時間縮短，而在驅魔的過程中視其逐漸顯露出的需要，才來決定介入的程度。我無法想像一位像肯迪度神父這樣的驅魔師，每天早上要看七、八十個人，如果在每次會面之前要先進行兩小時的詢問，那會是什麼樣的結果！我們的事工在這一方面需要很多的經驗，但最重要的是，需要很多的恩寵。

如我前面所說，我們首先做初步的測試，閱讀病歷，然後檢驗疑似魔鬼侵擾的因素。這時，我們會觀察在驅魔禮進行時，以及驅魔禮之後的幾天或幾個星期內，患者對驅魔的反應，並在後繼的驅魔進程中持續注意患者病情的發展。有些案件可能會很快解決，也有的顯示出完全沒有魔鬼的影響，我們就不再繼續進行驅魔。

我們也可能碰到難以解釋、複雜或令人困惑的情形。當我看到有正面的效果時，即使這效果只持續幾天，我仍會繼續我的工作，雖然我知道這些效果可能只是由於心理因素。如果是這種情形，我將會停止驅魔，但我不會棄病人不顧，而是繼續為他做其他性質的祈禱。正面的效果是真實的，即使只是由於心理因素。

常常有些情況令人十分困惑。醫生的意見無法令人信服，醫療沒有結果，驅魔也看不出跡象。這時我會比平常更加地要求醫生的合作——幾乎總是精神科的醫生——但我不會止步於此。當我不確定時，我會繼續進行驅魔。需要特別強調的是，很多時候，正是由於驅魔而使事情得以解決，我能得到某些確實的結論。即使我們無法藉此得出結論，繼續驅魔也不會傷害到任何人；反之，當病人面臨著醫學上的束手無策時，驅魔常成為他們所抱持的唯一希望，即使後來很清楚地顯示沒有任何附魔的跡象。

魔鬼顯現的情景與他們對驅魔的反應，都有各種各樣令人難以想像的型態。我將舉出兩個極端相反的情況。我曾遇過至少需要六個人才能壓制住的附魔人。他們可以說出他們所不知道的語言，或是怪異的舌音，並揭露他們自己或者是在場的人完全不知道的事情。我也曾驅逐過一直沉默無聲、完全保持鎮定、毫不顯示任何跡象的魔鬼，稍後我將會描述一個這樣的案例。

我們會診斷錯誤嗎？當然會。但是，每一次當我（或是所有我知道的驅魔師）錯失了一個診斷，最後總會有某些事情指出我們的錯誤，並導引我們走向正確的方向。現在我們應該很清楚，最常見的挑戰是分辨附魔和心理疾病。一個重要的線索是，附魔的人的情況總是時而平靜，時而激烈，而心理病患則是持續不斷的。有經驗的驅魔師能在驅魔的療程中確定患者的反應是否附魔的症狀，正如同精神科醫生知道患者所顯示的現象是否符合心理疾病的症狀。

最複雜的案例是，當驅魔師和精神科醫師交換心得之後，意識到患者同時有附魔和心理疾病的跡象，因而需要雙管齊下的治療。現在的情況是，驅魔師將病人轉介到精神科醫生是常見之事，但不幸的是，當精神科醫生意識到患者的反應超出所有已知疾病的變數，而且不只症狀如此，連對處方藥劑的反應（或是沒有反應）亦是如此時，卻很少尋求驅魔師的意見。

❷ 我們未必總是能找出惡魔引起病痛的成因

許多人相信這可能是由於自己成了「世代詛咒」的受害者，並列舉某些聖經經文為證：「上主……對萬代的人保持仁愛，寬赦過犯、罪行和罪過，但是決不豁免懲罰，父親的過犯向子孫追討，直到三代四代。」（出谷紀／出埃及記 34:7）實際上，這段經文是要以天主的寬赦過犯（萬代）與祂懲罰的公義（三代四代）對比，來說明祂的偉大寬仁。我相信，如果我們將這段經文與聖經中其他清楚指出每個人都要對自己的罪過負責的經文對照，這樣的解釋就很容易明瞭了。

我們也應該反問自己，是否天生有容易受到這些疾病傷害的傾向。例如，有些人的神經系統比其他人脆弱，醫生在處理這些人的心理疾病時，就該考慮這種可能性。魔鬼所引起的病痛與此不同，這種病痛需要受害者以及願意幫助他們的人（家庭成員、朋友和祈禱團體）的充分合作。有些病患抱著類似這樣的態度來找我：「神父，魔鬼正折磨我，請你把它從我身上趕走。」我總是如此回答：「我可以幫助你，但這場仗，必須你自己來打。」

我們需要很堅強的意志力和決心，來追求獲得豐富恩典的方法——祈禱和聖事——並且過一個真正的基督徒的生活，絕不與任何罪惡妥協。這意味著不斷地與攻擊我們的邪魔對抗。有時我們甚至可以從遙遠的地方提供幫助：我經常用電話為定期來看我的人施行短暫的驅魔，而且效果很好。

❸ 在當事人不知情的狀況下將他釋放

有人問我，是否有可能在當事人不知情的狀況下，將他從魔鬼的控制下釋放。根據我自己以及我的驅魔師朋友的經驗，有可能在當事人不知道的情況下將他釋放，但必須他自己同意——無論他是曾經明白表示或是暗示他有這種意願都可以。我們不可能為拒絕驅魔的人驅魔。

常有受害者坦白地告訴我：「神父，我來看你，只是要讓我的家人放心，但我自己不相信這些事，也不想讓你對我進行任何儀式。」很顯然地，我們必須尊重個人的意願；我們能做的只是盡力跟他講解，並告訴他我們所看到的真相。在另一方面，我們可以為任何要求我們事工的人驅魔，包括非基督徒。

4 關於鬼魂的存在

鬼魂出現的問題本身就可寫成一本書，因此我將只稍微討論這議題。我指的是死者的靈魂是否可能滯留在人世間的問題。這些可能是被詛咒的、遭到意外或暴力死亡的、祖先的、或是完全陌生人的靈魂。另一個與此有關的問題涉及所謂的「游魂」存在的可能性（這裡我指的是尚未找到他最後歸途的靈魂），甚至所謂「導引靈魂」的可能性。

這些仍然是沒有定論的問題。我希望神學家能夠回答這個問題，並按聖經和教會的教導，以及聖人的經驗來闡述這個議題。我們從聖經的教導確知：

- 我們只有一個生命，我們永恆的未來取決於此生。我們不相信輪迴，而只相信復活。我們知道每個人都會復活：有些人復活而進入永恆的光榮，有些人則進入永恆的責罰。
- 我們知道人死後，亡魂將立即進入地獄、天堂、煉獄，這三處之一。聖經清楚地揭示了這一事實，並在里昂及佛羅倫斯的兩次大公會議中被正式定為信理。這似乎排除了游魂或導引靈魂的可能性。

對於其他的，我們所知不多。聖多瑪斯．阿奎那（Saint Thomas Aquinas）自己說過，我們很難從理性來說明，靈魂如何能夠沒有肉體而存在，而且（那些在天國的人）沒有了自己的身體，又怎能快樂。他補充說，我們對死者的靈魂生活所知甚少，因此必須參考聖人所得到的私人啟示。對於這奧秘，身體所知的事實告訴我們，身體死亡後，靈魂仍是活躍的。聖人以及在煉獄中的靈魂可以為我們祈禱；我們也可以請聖人轉求，為煉獄中的靈魂代禱，並祈求他們的幫助。

然而，仍有許多無法解答的問題。例如，我們如何確定死亡的時刻？神學家們思考的問題是，死者靈魂的存在是一種狀態或是一個處所：當我們推測他們可能會有的行動時，這是一個決定性的因素。我要先說明，《驅邪禮典》的序論就警告驅魔師，要提防邪魔可能的偽裝。禮典第十四條指出，當魔鬼要我們相信他是聖人、死者的靈魂、或是天使時，我們應當謹慎，切勿陷入圈套，

我只要補充一點，當我詢問其他驅魔師這個問題的時候，我聽到不同的看法，因為各人對此現象有不同的經驗，但每一個人都會很認真地解釋他的理由。例如，拉古魯阿神父（Father La Grua）和艾利提神父（Father Ernetti）兩人都提出了一個從自然界的觀點可能得出的解答，但他們都沒有假設自己有一個很好的答案。

我相信，我們必須繼續研究死後靈魂的問題，但請記住，不要將這研究限於我前面引用過的大公會議的定義。歷史性的研究也有助益。例如，聖潔的驅魔師、堪稱我們當代的聖安博（Saint Ambrose）和聖奧斯定（Saint Augustine）的聖吉米納諾主教（Bishop Saint Gimignano, 310-392），他也曾思考過同樣的議題。

❺ 具有超自然能力的治療師

有些我被問到的問題又引出了更多其他的問題，例如**異能治療師、生命能量（般那）治療師、自動書寫及記錄人世以外的聲音，和超自然現象**等問題。這些都完全超出了驅

魔師的範疇。這個領域很容易招致投機和詐欺。上面列舉的每一個現象都需要正確的研究，篩選好的、剔除惡的，分辨那是來自自然還是邪魔所形成的——也就是：區別魔法和真正的魔法。

讓我們以異能治療師與生命能量（般那）治療師為例。真正的治療師具有超自然的能力（源於自然的），他們的作為有助於醫治由於自然因素——而不是邪術造成——的病痛。不幸的是，也有許多所謂的異能治療師與生命能量治療師，他們只是騙子或者真正從事巫術的人。

關於自動書寫和記錄死者的聲音，我要提醒大家，這不是天主的方法，所以我們見到的可能是出於自然或是源於邪魔的現象。對於超自然現象，我們必須抱持非常謹慎的戒心——現在它被稱為「超心理學」：有些是有根據的，但很多不是。今天，我們常喜歡將所有我們不理解或不相信的事物歸於超心理學。因此，超自然成為掩飾我們無知的大斗篷。

❻ 對教會的信任危機

我提到異能治療師和生命能量治療師的原因，是我想要討論另一個問題：我們對教會愛得不夠，這是一個阻擋我們得到釋放的障礙。有些來找驅魔師的人甚至不知道驅魔師是教會的神職人員，以教會之名行事。常常我們只是將驅魔師視為另外一類治療師，將驅魔完全歸於他個人的能力，而與信仰毫無關連。這個嚴重的問題可能觸及到我們這個時代信仰危機的核心。

拉青格樞機（Cardinal Ratzinger，後來的教宗本篤十六世）在接受維多里奧・美蘇里（Vittorio Messori）的採訪時，非常清楚地表達了他對這個議題的看法。美蘇里問：「所以，這是一場危機。但是，你認為，最危險的罅隙在哪裡？哪一個裂縫如果繼續擴大，將會威脅到整個天主教信仰結構的穩定性？」這個問題在拉青格樞機的心中毫無疑義：「在所有警訊之中，我們首先必須專注在對教會的理解，專注在教會神學的危機上：『這就是造成誤解或真正錯誤的主要原因，它不只危及到神學的理論，也同樣危害到天主教徒的普遍觀點。』」[1]

在某次採訪中，肯迪度神父被問到：「難道你不覺得孤單嗎？當你在驅魔時，你心中有什麼感覺？」他很坦然地回答說：「那種感覺與我在主禮彌撒時的感覺相同，雖

1 *The Ratzinger Report* (San Francisco: Ignatius Press, 1985). P.45

然這是兩件不同的事。我的心境是一樣的：我正在執行的職務，不是由於我個人，而是由於我的司祭身分。這是出於耶穌的命令：『你們要驅逐魔鬼』。這是教會——戰鬥教會——的行動。」

所以，每個驅魔師最開始的挑戰就是：強調教會，培養對教會的愛。我們必須幫助那些來向我們求助的人知道，他們找尋的不是一個具有天賦異能的人，而是尋求一位已經受到教會委派執行一個特別任務的天主的牧者。我們的患者最缺乏的特質就是對教會的愛和對教會的信賴，超過對個人的。這就是效果不彰的原因。有些受害者換了一個又一個驅魔師，總是抱怨「某某人毫無用處，那個人什麼都不知道」等等。他們不明白，如果他們對教會沒有信心，如果他們不知道他們見到的神父是以教會之名行事的人，他們還不如待在家中。

❼ 釋放的跡象

我已說過，時間屬於天主。驅魔師無法預見從邪魔造成的病痛或附魔的情況獲得釋放需要多長時間。雖然有些跡象會有幫助，例如，有些受害者可能從第一次驅魔後就覺得情況逐漸好轉，而且他的病痛也會立即減輕。另一方面，有些患者會隨著逐次的驅魔而變得越來越煩躁，他的困擾也增多：這個跡象顯示隱藏的病兆正在呈現。之後，發病的強度會降低，顯示魔鬼的侵擾正在消退。當這種情況發生時，這是一個跡象，顯示我們正在朝著完全釋放的方向邁進。

有時，惡魔自己的話也會顯示出即將得到釋放：「你在凌遲我！我要離開了！你打敗了我！」等等。或是邪魔自覺逐漸轉弱，無法抵拒驅魔師的要求，從而援引其他魔鬼的幫助。另一個邪魔變弱的跡象是：一開始，驅魔師問他：「什麼時候會離開？」他會回答說：「永遠不會。」接近尾聲時，他開始回答：「快了。」有時他甚至會自己設定離開的日期。通常這不是正確的日期，但有時（感謝天主）這是真正的日期。當魔鬼的力量和傲慢減弱時，我們知道獲得釋放的時間近了，雖然可能不會立即將發生，因為他可能仍會滯留一段時間。

當魔鬼終於被驅逐出去時，受害者的反應各有不同。從不停的哭泣（因為喜極而泣）到全身乏力，不一而足。偶爾，這是一種驚喜到幾乎無法相信的感覺，因為發現體內的自由正在一點一點地復甦。這時候，更不可忽視當我們與魔鬼戰鬥時，那些使我們能夠持續並使我們獲得助益的行為：不斷的祈禱、與天主合一、領受聖事，以及寬恕他人。

❽ 我個人的想法

我將以一些自己的想法作為本章的結尾。這個想法反復地在我腦海出現，而且當我在執行我的事工時，這個想法就變得更加強烈。我想請其他驅魔師確認，他們是否也有這種經驗。

我現在相信，在正常情況與嚴重的魔鬼侵擾之間，有一個**中間階層**的疾病。我知道有許多人似乎一直受到魔鬼的侵擾，嚴重程度各有不同，但我這裡說的是一種以醫療標準而言，比較無法察覺到的侵擾，他們也沒有嚴重到需要驅魔。然而，許多這類的魔鬼侵擾都可以藉著釋放的祈禱、寬恕、斷絕與邪術的所有關係，而得到治癒。

常常這些病症從嬰兒時期就已開始，因此是源自家庭的問題。他們也可能是由於遇到不好的事物、從事不當的行為、或不自覺地與人結怨。**確定這些魔鬼侵擾的起源非常重要**。釋放的祈禱或治療總是有助益的，朝聖或是長時間祈禱與避靜（退省）也有幫助。我發現佩魯賈大學的塔斯效．梅瑞塔教授（Tarcisio Mezzetti）帶領的研討會也很有效，我希望很多人能從他的課程找到新而有效的幫助和治療模式。

我也相信這些侵擾是魔鬼早期的行動，如果及時處理，會比較容易治癒。另一方面，拖延的時間越長，情況會變得越嚴重，最後當它們全部爆發出來時，不但治癒很困難、很耗費時間，也有可能一直保持這種情形，而且痛苦的原因仍然不明，也無法得到癒合，因為這症狀是如此離奇，醫生和驅魔師都無法找到它們的根源。

實際案例

深陷邪教勢力的女子

法國精神科醫生瑪利亞．多明尼加．富科伊（Maria Domenica Fouqueray）沉痛地報告了這個嚴重的附魔個案。

從一九八六年四月我受聘於一家醫療精神診所開始，已與教區的驅魔師合作了四年。我們的主教勒內．匹康地（René Picandet）相信附魔的可能性（不是每個人都像他一樣！）並支持、監督我們的工作。我從小接受基督信仰，一直以此為我生命的基石。感謝一位好神父的帶領，我在醫學院讀書時得以參加聖經神學的課程。

一九七四年，我找到了「在聖神內更新」（Renewal in the Spirit）的神恩運動，因而接觸到治癒祈禱和驅魔救贖。當教區因我在精神病學領域的資歷，提供我一個與驅魔師合作的機會時，我欣然地接受，並與這位驅魔師建立了良好的工作關係。開始工作不久，我被指派去協助一位四十歲的已婚婦女，她是四個孩子的母親，從事特殊教育工作。她的問題起源於她曾經參加一個撒旦邪教十多年。當她來向我們求助時，她已經三度試圖離開這個邪教。

令人驚訝的是，這位女士與許多神父熟識，並且是其中一位神父帶她來找我們：她在過著雙面人的生活。雖然她認識許多神父，每個主日都在彌撒中彈風琴，但她從未領受過聖事。同時她也是威卡邪教派的大牧師，他們的首領是魔王路西弗。她逐漸地被這個教派接受，但一旦正式加入後，她知道除非自殺，無法脫離這個組織，這是她的新「主子」為她準備的暴斃之途。她十分恐懼，想要離開這個教派，但她知道會有這些風險。

當我們第一次見到她時，她顯得十分憂鬱、沮喪、憔悴。她有睡眠困難的問題，但沒有精神問題的病史。經過仔細檢查後，驅魔師決定為她驅魔，剛開始時每兩週一次，然後每週一次。對我而言，這是一個充滿驚奇的經歷，豐富並提振了我的信仰。作為一名精神科醫生，我試圖找到「敞開的大門」，也就是促使她進入撒旦教派的動機。下面我簡單地敘述她的故事。

她所受的的基督宗教教育非常嚴苛，必須嚴格遵守傳統的規矩，但她並沒有在其中發現天主的愛。她在一個修女辦的寄宿學校就讀，在那裡她得到了良好的學識培育，卻少有精神上的支持。她的婚姻也乏善可陳。她嫁給一位成功的商賈，生活富裕。他強迫她辭去工作，只能在家照顧孩子。有時她想出去參加活動，但她的先生反對。即使在暑假期間，她也被迫只能與她年邁的雙親待在鄉下的小鎮。她覺得生活枯燥，而渴望變化。

有一天，在一本通俗雜誌上，她看到一則廣告，邀請讀者加入一個團體享受幾天快樂的時光。她回應了這個邀請，並加入了這個團體成為其中的一分子，雖然她感覺到這些成員們相當地怪異。例如，所有新來者都受到鼓勵要逐漸地多喝酒，並提供他們非法藥物，然後被引介進入這個教派。這個團體的領導人表現得非常熱誠關懷，填補了她乏味的家庭生活。她陷入得越來越深：她棄絕了自己所受過的洗禮，而接受了新的洗禮，並被賦與了一個新的名字。她在大腿上烙印了一個祕密標記。在燒毀了她的基督徒領洗證後，她用血與撒旦立下了盟約。

她的入門階段已進展到參加黑彌撒，並在每個星期五慶祝「第十五小時」。她清楚地看到這些儀式將基督信仰的儀式和祈禱變形及「妖魔化」。黑彌撒模仿聖體聖事，並在領聖體時變成了放蕩淫樂。驅魔師必須知道撒旦盟約的各種步驟，因為在釋放的過程中，必須邀請受害者逐一棄絕這些措施；在驅魔過程中徹底並且完全地棄絕撒旦，其經文如下：「我棄絕你，魔鬼（這裡，發言者將具體指出魔鬼的名字），我不要與你再有任何關聯，我棄絕所有源自於你的作為。」

撒旦的十二個步驟是：(1)誓言放棄基督徒的洗禮（神父們，當有人要求你提供領洗證書時，要小心了）。(2)誓言棄絕對聖體聖事的一切信仰。(3)拒絕服從天主，並接受撒旦、路西弗，或貝耳則步（巴力西卜）的意志。(4)拒絕聖母瑪利亞。(5)拒絕領受聖事。(6)踐踏十字架。(7)踐踏聖母瑪利亞和聖人的圖象。(8)以魔鬼的經文啟示，向黑暗之子宣誓永遠的忠誠。(9)因魔鬼之名義受洗，並選擇合適的名字。(10)在腿上烙印魔鬼印記，作為接受邪教的標誌。(11)在邪教內選擇教父和教母。(12)褻瀆聖體但不褻瀆聖體櫃，亦即領取聖體，並保留著這神聖的物體不要吃掉，以便在黑彌撒中加以褻瀆。

這些事情是我們在為她驅魔時逐漸發現的。在驅魔禮中，病患的眼神像野獸一般。她強力地拒絕了我們在她面前舉揚的十字架。每次驅魔結束時，她都會嘔吐（甚至吐到只有胃水），她的體溫高達四十一度。只有當我們為她灑聖熙澤孟（Saint Sigismund）聖水時——這是我們治療沒有來由的發燒的方法——熱度才會降低。瑪達肋納（Magdalene，這是我稱呼她的名字）參與了很多黑彌撒，她是一個能激發別人信賴、具有吸引力的女人，因為她在禮儀中彈奏風琴。

我必須強調，在這種情況下，驅魔師僅靠自己的行動是不會成功的。之前兩次，分別由兩位驅魔師為她驅魔都失敗了，因為他們忽視了病患所顯露的事實，並且低估了邪教成員對她所施加的壓力和威脅。第三次，由於我們團隊的幫助，驅魔師終於使瑪達肋納得到釋放。這個案例顯示出受害者必須重新接受基督信仰教育。當她有自殺的衝動和無法解釋的發燒時，她需要支持和協助。我們一直沒有離開她，總是在她周遭幫助她。

這個過程持續了三年。瑪達肋納在被釋放之後，仍然不願在有人認識她的教堂裡參加彌撒，但她已經可以祈禱及領受聖體。現在，她仍然需要學習教理，但那些讓她無法祈禱和閱讀聖經的「障礙物」已經逐漸消退。剛開始，我們必須避免提及任何關於血和獻祭的聖經經文。最令她驚嚇的是保祿書信以及福音。治療記憶和淨化腦海中的圖像需要很長的時間——她受到許多幻影和夢魘的困惱。

直到瑪達肋納自己能夠進行這場靈性的戰爭時，我們才暫時停止為她驅魔。她能夠祈禱、辦告解、領受聖體，並用普通的方法對抗惡魔。我要補充兩個重點。第一，瑪達肋納從來沒有領過堅振。被釋放之後，她請求主教為她做了這個聖事。她的先生、兒女以及為她釋放的團隊都在場觀禮。第二，經過了一段時間後，她在主教和所有曾參加她堅振聖事的人見證下，正式重回教會。多年來，為了要得到完全的釋放，她寫過許多向主耶穌和聖母瑪利亞祈禱的祈禱文。

最困難的驅魔案例

下面這個例子，可說是我個人所經歷過最困難的案例。這個情況非常難以診斷和治療，因為它毫無症狀。我相信，只有像肯迪度神父這樣有能力與經驗的驅魔師才能對這個情況有些理解，雖然天主是讓另一位神父為此事帶來一個圓滿的結局。常常，我們的工作看不到任何成果，或是我們在收穫前人工作的成果。重要的是，每一個案例，我們都要將榮耀歸於主。

安吉洛的漫長苦路始於一九八一年，他剛屆齡退休之時，持續長達七年。當他的症狀初顯時，每個人都認為他患了不明的怪病。包括從安吉洛年幼時就認識他，不但清楚他所有的病歷，也知道他的個性與行為的家庭醫生，也如此認為。剛開始時，他的怪異行為只是不願意洗澡和離開房間。他一直是個非常活躍的人，但突然間他把自己的生活侷限於床榻和一把躺椅之間。他不想吃飯，也拒絕走到餐廳。他的妻子為了安撫他，在客廳為他擺設餐桌。

漸漸地，甚至連他最要好的的朋友來訪，他也拒絕出來會客。他只是躺在床上，把自己封閉在臥室內。他既不坐起來，也不看電視或聽收音機。他不再去教堂。要瞭解他的行為變化的嚴重性，我們需要知道安吉洛以前是怎樣的一個人，以及他在退休之前是如何生活的。他非常聰明，有極強的意志力，並且十分活躍，他輝煌的職業生涯完全是他辛勤工作的成果。他已經晉升到職務上的最高階，這個工作需要他全心專注投入。

他熱愛他的公司，他的每個同事都喜歡和他說話；他的誠實、正直和許多其他美德為他贏得了眾人的敬重。他一生致力於認識和培育他的信仰。他每天參加平日彌撒及領聖體，從不缺席；我們只要用一個例子就足以說明他是如何堅定地要每天領受聖體聖事。在第二次梵蒂岡大公會議改變規定之前，信友必須從午夜開始禁食直到早晨領聖體。經常工作到深夜才返家的安吉洛總是滴水不進，因為他不願放棄第二天早上領聖體的資格。他總是非常體貼妻子，以尊重和摯愛待她。

因此，他的個性激變令人難以理解。他的病況惡化到他不再離開他的床鋪，並且停止進食：他的親人只能哄他喝一杯茶，每個星期吃一、兩片鳳梨。他在病榻上，緊緊地握著一個總領天使聖彌額爾的小塑像，哭喊著：「幫幫我！我受不了了！」有時他會大聲怒吼：「滾開，你這個雜碎！別來煩我！我呸你！」這些話顯然是對魔鬼說的。事實上，他會使盡全力地對一個只有他自己可以看見的人吐唾沫。

他的這種行為持續了很長一段時間，似乎他真的發瘋了。起初他被診斷為「憂鬱症」，但他的病情逐漸惡化成某種偏執狂或精神錯亂。讓我補充說明一下，按他的才智、良好的名聲、他對福傳工作的投入，退休並不意味著他缺乏活動。他期待著要花更多時間在自己覺得重要的活動上。因此，雖然退休的人常會因為無法適應突然從每日忙碌工作轉變為鎮日無所事事而導致憂鬱症，但這不是安吉洛的情形。

經過多次診療後，精神科醫師仍是束手無策。他們嘗試過使用各種藥物，特別是心理藥物和鎮定劑，但都只會使他變得無精打采，昏昏欲睡。如果他想要起床，就會跌到在地，他的妻子幾乎必須將他整個身體抬起來，因為他自己無法使力。

某天早晨，安吉洛捧著總領天使的塑像在抱怨時，他的妻子和他的一位好朋友在一旁看著他。這位醫生朋友也是虔誠的天主教友。突然，這位醫生轉過身對安吉洛的妻子說：「當他說『趕快離開我，否則我會吐你口水』，這句話是對誰說的呢？」他們決定打電話給著名的教區驅魔師肯迪度神父。醫生親自與神父聯絡，開車接神父到安吉洛的家。

這位魔鬼的受害者坐在一張躺椅上歡迎驅魔師。在整個驅魔過程中，他幾乎都是閉著眼睛，表現得十分平靜，一言不發。然後他非常友善地跟神父談話。

每次當肯迪度神父去為他驅魔並為他帶來聖體時，他的行為模式都一樣。驅魔之後，他們會談到常見的熟人；安吉洛言詞清晰，態度溫和，表現得完全正常。他慣常對人的反應——昏睡、冷漠、沉寂——要在驅魔師離去後才會顯示出來。實際上，仍然看不出他的情況有任何改善。當他斷然拒絕去參加聖誕彌撒時——相對於他以前每天去望彌撒——他的妻子沮喪至極。

安吉洛的家人為他請來另一位驅魔師，也是他們的朋友。他的反應仍是一樣的：

極度平靜，虔誠地接待聖體，結束後的談話……但也一切都沒有改變。驅魔師離開時，安吉洛會憤怒地指責他的妻子：「是你把驅魔師叫來的嗎？你等著瞧，看你會得到什麼報應！」

事實上，她開始碰到各種不幸的事件。有次她跌倒，撞斷了鼻梁。又有一次，她踢到一塊舊鐵板摔倒，臉上割了大傷口，萬幸只差一點沒傷到眼睛。另一次她跌斷了腳踝。又一次，下車時，她感到背後有人用力推了她一下，幾乎把她推到一輛疾駛而過的車輪下。雖然她倖免一死，但肩部嚴重受傷，經過多年的復健後，仍然時時會感到不適。

接著，第二位驅魔師得了重病，無法再來看安吉洛了。他的妻子聽說在托斯卡尼有一位神父，不但是驅魔師，還有特殊的治癒神恩。安吉洛同意去看這位神父，因為當時他有嚴重的喉嚨痛，他擔心是由癌症引起的。神父一見他就說：「別擔心癌症！這只不過是魔鬼的作為。如果你待在這地區一個月，我可以幫助你。」勉為其難地，安吉洛在此停留了八天。他的妻子絕望地去找神父，神父安慰她說：「帶他回去，但你必須回來。不要說任何話，如果他說什麼，也不要回答他。」

所幸神父及時的警告。安吉洛變得讓人難以忍受地狂妄。在接下來的幾年裡，他會用粗鄙的言辭侮辱他的妻子，但她堅定地保持沉默。有次在肯迪度神父的鼓勵下，我去拜訪了安吉洛，並為他做了四十分鐘的完整驅魔禮。我還記得，他平靜地坐在他的躺椅上，相當沉默，說話時語調非常親切。但是，我什麼都沒發現。安吉洛的病痛更加劇烈，他遍訪義大利和國外的許多醫生，希望能夠治癒，但沒有醫生能診斷出他的病因，也沒有任何藥物對他有幫助。例如，有一次他抱怨眼睛疼痛難忍，好像兩眼充滿了水，但前後十八位眼科醫生都無能為力！

他的妻子鼓勵他繼續去看托斯卡尼的神父，但安吉洛每次都堅決拒絕。絕望之餘，她自己前往去見神父。神父安撫她的恐懼說：「放心。這一次他會來的。告訴他我等他下個月來。」當她向安吉洛轉述這些話時，他回答說：「幫我準備行李，我立刻動身。」

突然間，他又再度充滿活力，像是完全不同的人。他獨自前往，在托斯卡尼的一間小旅館住了一個月。當他回來時，他如同七年前一樣：善良、熱情、充滿關懷。別人問他原因時，他只說：「你知道的，他已經不在這裡了。當他在這的時候，他讓我無法安寧。」之後，他平靜地過了好幾個星期，然後面帶微笑地回歸天父的家。

安吉洛過世後，肯迪度神父和我談論了幾次關於他的事。我想要找到一些困惑我的問題答案。首先，受害者從未在驅魔過程中做出反應，驅魔師如何知道他是否附魔？毫無疑問地，肯迪度神父以他豐富的經驗能夠評論這個案例的各種因素：個性的突然轉變，尤其是厭惡所有與祈禱和聖體相關的事情；這麼多醫生臨床診斷和相關測試的結果（或說，沒有結果）；魔鬼不斷襲擊的特性，以及安吉洛處在這種情況下仍因他信德深厚、意志堅強而一直試圖自我控制。最後，在驅魔的期間，雖然沒有什麼明顯可見的反應，肯迪度神父仍能察覺到魔鬼的存在，因為他對那種感覺非常熟悉。我所學到的所有這些考量，對我日後面對類似情況時，都變得非常有用。

另外，我也想要瞭解造成安吉洛受到魔鬼侵擾的最初原因，其動機為何。在這事上，他沒有失足過（譬如去找巫士或參加召魂的聚會），也沒有任何涉及邪術的跡象。最有可能的原因——雖然我們不能確定——似乎是撒旦要報復安吉洛一生中所得到的重大成就。天主允許這樣的試煉作為進一步淨化的方法，以準備他與救主最後的偉大會晤，那時他終將得到天主應許給祂忠實僕人的報酬。

我還有一個最後的疑問：托斯卡尼的驅魔師怎麼會這麼容易地就讓安吉洛得到釋放，而他的驅魔師朋友和肯迪度神父卻無法做到？這裡，關鍵仍是在於上主。很顯然地，上主要安吉洛經歷這個特殊的淨化旅途。此外，雖然他們所做的驅魔似乎都沒有成果，但他們總是帶給患者一些舒緩，讓受害者可以領受許多聖事，特別是聖體聖事與和好聖事（告解），否則他將被剝奪這些恩寵而繼續受到試煉。畢竟，上主會用任何祂想用的人來做最後的釋放。聖保祿會說，如此可以防止任何人以上主以外的事情誇耀。

關於安吉洛的一些生平資料：我講述的這位魔鬼受害者在國務院工作，他曾在他的好友聖五傷畢奧神父創立的「受苦者的安慰之家」（Casa Sollievo della Sofferenza）擔任主管和首任主席。他從一九八一年到一九八八年持續被附魔。天主選派為他驅魔的是義大利阿雷佐省蒙特聖薩維諾教區的安吉洛・范東尼（Angelo Fantoni）神父，他現在已經過世了。

一位法國驅魔師的經驗

以下的段落，是來自法國亞威農教區的驅魔師、同時也是方濟會士的克里斯汀・柯迪神父（Christian Curty, OFM）所口述：

我是在法國一個大城市的驅魔師，在童貞聖母瑪利亞的護佑下進行我的事工。由於我的工作，我幫助過許多不幸被撒旦折磨和迫害的人。我也聽過許多治癒的告解，上主賜我得以見到許多人被釋放和治療的喜樂，這一切成果只能歸功於天主之母仁慈的轉求，藉著教會的驅魔祈禱，而我只是一個僕人和工具。在我的許多經驗中，我要分享一個讓我感到有些困惑，但我相信它可能會幫助別人的故事。

有一天，一位陌生、怪異的男人來到我的辦公室。他的一切都非常不尋常：他的外表、他的行為、奇裝異服，最主要的是強烈刺鼻的惡臭！這不是有毒的氣味，而是我無法確定的東西——像是臭雞蛋或硫磺之類的東西。我立即想到某些專事褻瀆天主的邪教所使用的一種香，如果常使用，最後會薰染到成員的衣服上。

若從這個人神祕而且東張西望的動作來判斷，我會覺得他是想要來刺探我，猜測我的想法和感受。然而，我感覺我不是他猜疑的對象，而是另有他人，因為當我們正在說話的時候，他會突然轉向門口或是壓低他的聲音，以致只有我才能聽到。但這是誰呢？這裡只有我們兩個人！起先，我以為他是害怕被其他來辦告解的人看到或聽到。最後我意識到，他害怕的是他的教派的一名成員——可能是奴役他的一個卑鄙傢伙——在跟蹤他、監視他。

這個男人的獨特西裝是紫灰色的，並且形式怪異。我漸漸地想起曾在一本雜誌上看到過類似的衣著，與撒旦教的黑彌撒有關，我知道我看見的是他們禮儀中的一件祭服。然後他證實了我的直覺，因為他說：「我的主人大部分時候是在晚上工作。」就在那時，我想起在那篇雜誌的文章中，有關敬拜魔王路西弗禮儀的描述。我的訪客告訴我，他練過秘術和黑魔法。他不是第一個向我承認這些事的人，以前我也遇過很多人像他這樣的自我告白，都是因為他們想要被解救。然而，我卻不明白他來找我的目的是什麼，因為雖然他承認與一個實行某種儀式的撒旦教派有關聯，但他似乎並不想要斷絕這種關係。

我一直在想：他為什麼來找我？毫無疑問地，他想要掙脫撒旦的控制。也許他想要弄到一些被祝聖過的聖體，以便就在當天晚上加以褻瀆？他想要將我引誘到他的教派嗎？他只是想要宣告他主人的勝利？事實上，他不停地在說勝利。這場談話完全是單方面的獨白。似乎他有一個重要的信息要傳遞給我這個屬於基督的小神父。

從他一開始說話，我就開始做筆記，下面這些話是從我的筆記中摘錄的：「我的主人已經戰勝了你！我們正在摧毀你的教會。我的主人握持了國際間的權力平衡，並且壓倒了你的教會。你必須認出它！是的，撒旦在世界上的力量是顯而易見，聖母瑪利亞在她顯現時就曾警告過此事。正如同基督徒的三大支柱（聖體、聖母、教宗）在你們基督徒之間已搖搖欲墜，也是顯而易見的；造成的後果是，他們的信仰也在崩潰。教宗保祿六世和若望保祿二世曾說過這些，但是最重要的是〈默示錄〉（啟示錄）也論及撒旦的戰爭。這是他的時代，但也是那位身披太陽的女子的時代。」

當他的獨白稍微停歇，讓我有機會插嘴的時候，我指出魔鬼的勝利只是臨時的、虛幻的、短暫的。就在撒旦認為他已獲勝的那一時刻，耶穌以他的十字架擊敗了撒旦。他的聖教會也是如此：他現在的受難帶來了我們內心的更新，那是在為我們準備全新的五旬節，這個訊息常被宣告，並為眾人所渴望。撒旦是天主創造的眾多生靈之一；他被創造為善，但由於他自己的過錯而成為惡。

「不！撒旦與天主是平等的！」我的話很快就被打斷。我意識到他不想談論耶穌，只想談論天主。他堅持說：「他的反叛成功了！」他不時地問我：「你不怕我的主人嗎？」他經常重複這句話，起初聽起來像是在威脅我。後來，我意識到他正在表達他自己內在深層的恐懼，因為撒旦看得到一切，聽得見一切。我回答說，我是以耶穌之名對他說話，因為我是屬於基督的一名神父，除非主耶穌同意，沒有什麼事可以發生在我身上。此外，我受到聖母瑪利亞的護祐，特別是在驅魔的時候。

當我講到聖母瑪利亞時，他不喜歡，而一直試圖將話題轉換到他的主人撒旦上。因此我提醒他這個原始福音：「我要把仇恨放在你和女人之間。」（創世紀3:15）他同意我的話，但是他有自己不同的解釋：「『撒旦要傷害她的腳跟』（創世紀3:15）意味著他將會戰勝她。」我回答說：「如果女人將會踏碎他的頭顱，他怎麼能夠戰勝她呢？」

我繼續向他解釋〈默示錄〉中關於身披太陽的女人與紅龍的戰鬥，以及紅龍敗於總領天使彌額爾手中的神視。我認為，即使是福音中關於基督受誘惑的敘述，聖經經文也都是以一場戰鬥的形式向我們展示。但是每次當我論及瑪利亞時，我們談話的方向就改變了。反對這個論點讓他感到不安、痛苦、最後絕望。

我告訴他，他的主人不能帶給他心靈的平安，更別說幸福快樂了。反之，耶穌為人帶來平安和喜樂。他將我們從撒旦的奴役中釋放出來，而撒旦能給予我們的承諾，充其量不過是金錢、權力，以及人的虛榮。當我們在談話的時候，我一直在心中向聖母瑪利亞祈禱，我可以看出我的訪客逐漸地失守，答不上話來。很明顯地，他對他的主人的感覺只有恐懼。然後我對他述說了我主的愛，他為了救我而死，並寬恕了我們的一切罪過。他在全然的絕望中說出了自己的褻瀆（他的叛教）。一直到後來我在反思這次談話時，才想到福音中提及「反對聖神的罪」。在我看來，這個可憐又可悲的人，在這事上是完全有罪的。

我勸他悔改，離開他的主人；我告訴他，每天晚上我都乞求天主寬恕我的每一個罪過，甚至褻瀆。這個人顯得惴惴不安，糾結在兩種感覺之間：希望和絕望。我問他是否願意接受我為他祈禱。他似乎同意，我便進行了一個簡短的、內心的驅魔，以驅除撒旦；然後我再大聲地重複一遍。這使他無法承受了！他站起來逃跑，但他先匆忙地透露了他的名字：彼得，然後他跑了出去。

我仍在自問，這人造訪的意義為何。這人是撒旦派遣來說服我背離的使者嗎？是聖母遣送他來，讓我轉變他或至少為他祈禱嗎？有一件事是確定的：這次的遭遇讓我親身體會到一個撒旦教成員、一個已獻身給魔鬼的人，要重歸於天主是多麼地困難。

第五章 魔鬼感染

魔鬼感染的原因

在前面的章節中，我強調了奧利振對魔鬼感染問題所做的觀察意義重大。從他的著作中，我們知道，早期基督徒不但為個人驅魔，也常為房屋、物品和動物驅魔。在教會還沒有對這些不同現象制定個別的名稱之前，我們將所有地方、物品、動物（除了人以外）受到魔鬼惡行影響的情形，都稱為「魔鬼感染」。這絕不是一個新的範疇，因為文獻顯示，自古以來各民族對這些狀況都有所認知並加以處理。當我們談論魔鬼感染時，不能忽視以下的事實：

一、除非自己實際經歷過，否則很難談論這個話題。每位驅魔師都可以證實，在他的事工經歷中，他必須親自處理一些非常怪異、令人無法想像的現象，因此，沒有這方面的經驗很可能造成不信。我們會看到這麼多（特別是來自神職人員）的懷疑，也不用感到奇怪了。容我再說一次，這樣的態度只是清楚顯示出他們對這類事情的無知。

二、我們不能否認這類事情往往容易造成錯誤、誤導、無謂的恐懼、甚至完全的錯覺。我們必須意識到這些危險，否則無限上綱的結果，我們恐怕也會相信豬能上樹。

讓我們一如既往地引用聖經的話語來說明，更具體地說，我將引用舊約聖經的〈出谷紀〉，因為這是以色列民族中最具象徵意義的一卷書，其中含有許多廣泛的訊息。反思在埃及發生的十災的故事，對我們而言是具有特別意義的，原因有下列兩項：

首先，這卷書為我們指出，以天主之名的梅瑟（摩西）和以撒旦之名的巫士都可以喚起同樣的異象。這意味著當我們遇到不尋常的事件時，我們必須能夠辨別其起源。有時，事件本身無法告訴我們這是來自天主或是撒旦，也無法告訴我們這是神恩或是巫術所造成的。我們需要經過特別的分辨，才能瞭解其差異。

再者，埃及的十災故事在今日有特別重要的意義，因為我們現在也看到了同樣的現象。如我前面所言，我們往往只相信眼見為真，既然如此，讓我給你們舉一個例子。在埃及發生的第一個災禍是「水變成血」。我可以證明，我的許多驅魔師同儕看過從新建住家的水龍頭流出來的是血，而不是水，而這水管是連接到市政府的供水線。

在我的第一本書中，我也談到了兩位帕多瓦大學（University of Padua）的著名教授（同時是科學分析師），他們以嘲諷的心態來觀察這現象，並裝了一瓶這種他們顯然不相信的「血液」帶回實驗室。他們分析了瓶內的液體後，意識到這確實是人的血液，而滿心恐懼，我們也無法說服他們再回到那個屋子去檢視。這就是我經常看到的「理性主義者」，不論是無神論者或是神父，他們共有的模式：先懷疑，然後驚恐。

我們再來談談第二、第三和第四災：入侵埃及人的家園的蝦蟆（青蛙）、蚊子（蝨子）和狗蠅（蒼蠅）。我們可以將第八災也包括在內，也就是蝗蟲的侵襲。常有人告訴我（或是我親眼看到）有的房子突然被成群的蒼蠅、飛蟻、噁心的蟲子（例如蠍子或其他不知名的害蟲）侵襲，但當我們在整間屋子灑了聖水或為這地方驅魔之後，蟲害就突然消失無蹤了。

〈出谷紀〉也告訴我們一種使家畜暴斃的神祕疾病。第五災描述了一場「非常嚴重的瘟疫」，而在第六災中，我們看到人和牲畜都受到膿瘡的打擊。魔鬼能夠造成身體機能性的疾病，這種疾病醫生可以治癒；魔鬼也能造成純粹邪魔引起的病痛，若是這種病痛，所有已知的藥物都無效，只能以祈求天主恩寵的方法（包括驅魔）來治療。每位驅魔師都會告訴你他們曾見證過囊腫、腫瘤和其他各種被診斷出來的疾病，只經過一次驅魔後就消失，而使醫生困惑不解。

可以與我們現在的事件相提並論的，還有第九災——三天的黑暗。有些受害者由於魔鬼的原因而突然失明；然而，這就屬於魔鬼迫害，而不是魔鬼感染的領域。

魔鬼對某個地點的感染，例如房屋，商店，田地……等等，總是難以診斷和釋放；每位驅魔師都會使用自己的方法，而且有非常大自由發揮的空間。坦白說，《教會法典》

和《驅邪禮典》只針對為附魔者驅魔，而忽視了所有與魔鬼感染有關的情形。我認為這是一個嚴重的缺失，因為這意味著任何人，包括神父或一般信徒，都可以自由地介入；另一方面來說，這也意味著江湖術士、巫士、巫醫也可在這個領域中佔有一席之地。

然而，在《驅邪禮典》豐富的祈禱文中，我們發現一些驅魔儀式適合所有的情況，包括魔鬼感染。例如，禮典中有為家庭、住所、學校和田地祝福的儀式。神父和驅魔師經常用這些祈禱。除了聖水外，有些人也使用香或驅魔鹽。

我再說一次，因為沒有指導的規範，我們在處理魔鬼感染方面的事，有完全的行動自由。我想重申，雖然我只提到我自己的親身經驗，但是魔鬼感染的現象並不需要驅魔師。例如，我發現在某些情況下，一台彌撒是非常有效的，而這是任何一位神父都可以做的；一群虔誠的教友在魔鬼感染的地方誦念祈禱文，也同樣非常有效。

當驅魔師應邀去處理魔鬼感染的事件時，他們通常會採用與驅魔相同的儀式，只是會做一些適合住屋或場所的調整。當然，找出施行邪術的原因並做適當的處理，是非常有用的。

造成魔鬼感染最常見的原因是什麼？以下是一些常見的原因：

- 這個房子曾用於舉行召魂或巫術的聚會，或者被用來作為撒旦教的基地。這類魔鬼感染最難解除。
- 有人在屋內被殺或自殺身亡。大量地為死者的靈魂代禱是最好的補救方法。
- 這間房子曾被用來作為賣淫或同性戀聚會的場所，或曾是褻瀆者、共濟會、罪犯、幫派頭子、毒販等等的住所。所有這些情況都需要非常多的補贖祈禱。
- 房子曾被人下咒。我們需要全面地查明其原因、方法和符咒，因為如果被詛咒的物品在該場所內，那麼必須找出這個物品並將其燒毀。只要這個被詛咒的物品仍在屋內，不論多少祈禱都不會有什麼成果。在調查過程中，居住在這被下咒房屋內的人可以提供非常大的幫助，因為他們能夠告訴我們問題是從何時開始發生、是否有人給他們某件傢俱、他們是否懷疑任何人有意詛咒他們……等等。

我不去討論「喧鬧鬼」的現象[1]，這是與特定的人有關的自然事件，一般不會持續很久，需要由精神科醫生來解決。為了避免將喧鬧鬼的現象與魔鬼感染混淆，我們必須知道它們的起源及其造成的現象。兩者之間表面上有些相似之處，但稍微有一點經驗的人就可以準確地診斷；但是反過來說，有時也非常難以區分是邪術或是心理的問題。

受魔鬼感染的物體

對於受到感染的物體，我們更要格外地注意，避免無謂的恐懼、毫無根據的猜疑，以及杯弓蛇影。在與巫士或迷信的人接觸之前，我們必須當心江湖術士。實際上，物體被感染的唯一原因就是符咒。

理論上，每一個物體都可以被巫醫或是任何與撒旦有關係的人以撒旦教儀式來詛咒。然而在現實生活中，這種事件是非常罕見的；因此，我們必須非常謹慎地查考，才可斷言某件物體被魔鬼感染。在這種情況下，真正的智慧之舉，是要先抱著懷疑的態度去查究。

我們如何知道某件物體可能受到魔鬼的感染？有時可以由其來源，或是物體所造成的影響來判斷，或是詢問有神恩或超感的人。物體的來源通常是重要的指標：如果巫士給我們一些東西，那麼它可能已經被感染了。護身符是典型的例子，這些東西通常非常昂貴，如果不是詐騙，就是曾被非常有害的負面力量汙染過。

當我說某個物體被感染時，我並不是說魔鬼就在它裡面！我只是說它曾經出現在一

1 譯注：poltergeist是指受害者覺得聽到各種噪音，而認為是鬼魂的吵鬧。

個邪惡的儀式中，一般是為了傷害一個特定的人，並為了實現一個特定的目標，因而有意使這物體具有特別的傷害性。

物體所造成的影響是對我們的第二個警訊。例如，有人躺在自己的床上時，就會無法入睡或感到嚴重的頭痛以及其他痛苦，但如果他睡在不同的床上，這些現象就都不會發生。這時候，我們應當質疑是否床墊或枕頭有問題。假設換了枕頭後，所有不適就都停止，但再使用舊枕頭時，症狀又都恢復，那麼我們可以猜想枕頭被詛咒過。此時，如果我們打開枕頭，可能會找到我在前一本書中所描述的某個或多個奇怪的物體。為了消除詛咒，要用聖水灑在枕頭上，並將它燒毀。

但在這種情況下，要注意我曾建議過的所有預防措施：在空曠的地方焚燒，同時要祈禱，並將灰燼灑到流動的水中，譬如河流，大海或下水道；我們也可以把它倒在垃圾桶裡，如果我們確定它會被焚燒。如果只是輕微的詛咒，用聖水灑在物體上就足夠了，不需要破壞物體。

有的人可能遇到一些狀況，沒有任何理由懷疑他是被人陷害，但一個有神恩或超感的人警告他有某些被詛咒的物品存在。這時，我們的常識再次告訴我們，我們必須避免對物體有無謂的恐懼或毫無根據的猜疑，尤其是當這些警告是來自江湖術士時（或是巫士、使用塔羅牌的人、吉普賽人……等等）。

神恩與超感

雖然我同時提到這兩者，但我們不要誤將他們混為一談。有神恩的人擁有來自聖神的特別恩寵。使用神恩是為了整個教會的益處，而不是為了個人的利益。

超感的人天生具有較高的敏感度（我們常稱之為第六感），因此能夠感受到大多數人無法偵測到的東西。

我必須先申明，敏感度對我們的目的沒有助益，因為他們只能偵測到自然的現象（譬如疾病），對魔鬼造成的病痛就沒有作用。因此我只會討論具有神恩的人，雖然有時我們會誤將他們稱為具有超感的人。

神恩是什麼？有許多不同的聖神的神恩（或說是禮物），這裡我們特別關注的是釋放受魔鬼侵擾及附魔人的神恩（這種神恩極為罕見）以及分辨的神恩。分辨的神恩讓人可以分辨是否附魔，或是發現附魔的原因；前者有助於診斷情況，後者有助於確定適當的補救措施。這個議題值得單獨研究，因此超出了本書的範圍。確定某人是否具有某項特殊的神恩，需要非常謹慎。同時，我要介紹兩件大公會議文獻：《教友傳教法令》（Apostolicam Actuositatem）第三條，以及〈教會教義憲章〉（Lumen Gentium）第十二條確認：(1) 為每一個具有特殊神恩的信徒，有使用這些神恩的權利和義務；以及 (2) 辨別神恩的真確性及其合理的運用，是主教的責任。

我希望主教們能夠完善地處理這個需求，也許可以任命一個由相關專家組成的小組來研究每個案例，並向特定的教會神長報告，由他參考專業小組提供的資訊來做出明智的決定。同時，由於我們缺乏基本的指導方針，我從經驗中歸納出下列幾點對我頗有助益的準則：

1. 有神恩的的人必定非常重視他自己的祈禱生活、他的信仰、他的愛德，以及他的判斷。
2. 完全依賴天主的聖言，用一般的祈禱，沒有任何特異的姿態或誇張的舉動。
3. 完全不考量金錢的因素：「我們白白得來的，也要白白的分施。」
4. 充分謙卑。當論及神恩時，會宣揚自己具有此種恩寵的人，可能就是沒有任何神恩。真正具有神恩的人，喜歡低調行事。神恩為人所知，總是經由間接的方式，並且經過審慎的判斷，從來不是出於自我推銷。他的言談非常謙遜並飽含智識，也只有在經過分辨（而不是任何個人的判斷）之後，他才能確認自己是否需要介入事件中。

5. 要知道某人是否真的具有天主賦與的神恩，唯一的方法就是體驗他的恩賜。正如聖經對我們的提示，真先知與假先知的區別是：「由果子可認出樹來。」真先知所說的話，將會發生。

如果驅魔師遇到一位真正具有神恩的人，或是有幸能有幾個具有不同但彼此互補的神恩的人，無疑地，他能得到很大的幫助。我知道有幾位驅魔師公開承認他們從仔細挑選的一群人那裡獲得寶貴的見解，這些人以他們的祈禱和事工來支持驅魔師。

受到魔鬼感染的動物

動物也可能被魔鬼感染，雖然這種情況很少見。福音告訴我們，有一個軍旅的惡魔被驅逐出革辣撒（格拉森）的附魔人之後，耶穌允許他們進入兩群豬內。後來這些發瘋的動物衝入湖中淹死了。我從來沒有經歷過這種情況，但是，如果我真的碰到了，我只會誦念釋放的祈禱文——這當然是可行的。

反過來說，不幸的是，巫醫卻經常使用動物（特別是焚燒他們的內臟）來進行魔法儀式，或利用動物來傳遞詛咒。最常用於傳遞詛咒的的動物是蟾蜍或貓，尤其是後者。其他驅魔師和我自己的經驗，都可以證實這些說法。例如，我們感覺到房內有看不見的貓或其他不明動物的存在，然後就會找到他們在地板上的腳印或在床單上的爪痕。

我知道這樣一件事。有一天，有個女孩打開車門坐進她之前曾仔細鎖上的車內，看到後座有一隻大黑貓。她立刻下車，讓這動物出來，但是牠好像就在空氣中消失了一樣。我可以舉出很多類似的例子。為了讓我最擔憂的讀者放心，我必須趕快補充說明，這些動物幽靈從來沒有攻擊或傷害過任何人。我們要如何解釋這些現象呢？這些事件通常是發生在那些已經有魔鬼侵擾症狀的受害者身上。因此，這些似乎是魔鬼對他們持續侵擾的一種模式。只要多行一般獲得天主恩寵的方法，就足以結束此類魔鬼侵擾。

羅馬醫院的一名醫生，常以魔法騷擾一位與他一起工作的年輕修女護士。某天晚上，當她回到房門鎖著的房間時，發現一隻貓不知如何已經進入了室內。她想要把貓趕出門外，但是牠在屋內亂竄躲避她。百般無奈的修女只好把鑰匙砸向牠，貓終於帶著流血的傷口逃離了。第二天早上，她上班時遇到了醫生，他的鼻子及上唇都貼著膠布。她問說：「發生什麼事了，醫生？」他回答說：「是你用鑰匙把我打成這樣的。」

這個事件的證人記載得很完整，但我無法一一說明。我相信，這位醫生想要利用詛咒來窺視或驚嚇修女，但這一次──碰巧發生──詛咒反落到他自己身上。

實際案例

羅西斯一家的故事：受魔鬼侵擾的房屋

下面這個真實故事，是關於一個小鎮的家庭整整一年間飽受惡魔侵擾的大概敘述。有些人可能認為這些都是虛構的，但是驅魔師對這樣的故事都非常熟悉。我們的社會自詡為「理性主義者」的社會，卻把所有聖經的教誨都棄如敝屣，代之以邪教、秘術以及各種魔法等神祕的事物。發現這些事件的往往是警察，而不是醫生或神父，因為受害者常會隱匿發生的事情，害怕被貼上瘋子的標籤。

在這個案例中，魔鬼的目標是一個家庭——羅西斯家。這個家庭中的父親是一名五十歲的藍領工人，母親安妮卡是家庭主婦；四個孩子中有兩個剛結婚不久，另兩個（十五歲的多梅尼科和十一歲的阿爾巴）和父母住在一起。這個家庭的經濟狀況頗佳，並於一九八七年蓋了一幢有院子的房子——這件事引起了安妮卡家族一些成員莫名其妙的嫉妒。

問題從一九九〇年開始發生。當全家人都聚集在新房子裡的時候，他們聽到了重擊在百葉窗上的巨響，聲音大到讓羅西斯家人以為是有人要破門而入，而要打電話叫警察。在十二月，他們就叫了警察三次，他們能夠精準地指出聲響的位置，但不知道聲音的來源。熟悉這件事的警察局長建議羅西斯去向靈媒求助。

鎮上著名的靈媒瑪麗蓮娜一開始調查此案，就宣稱這現象是由近親——一位叔叔或阿姨——的嫉妒或仇恨所造成。她建議他們在受到感染的大門或窗邊放些鹽。她指示他們要經常重複一句幸運的話，比如：財富、成功與平安。儘管如此，噪音仍然發生，因此瑪麗蓮娜來到他們家，舉行了一系列的儀式和祝福。

這次造訪帶來了災難性的後果。女兒阿爾巴馬上就開始噩夢不斷。在追問下，瑪麗蓮娜不得不承認自己所做的事毫無助益，坦白告罪說自己無能為力。她建議他們去找驅魔師。

羅西斯去找他們的神父，但他不肯相信他們所說的話（很不幸地，這種情況常發生），只給了他們一個小十字架。我不知道他這樣做是為了保護他們還是為了叫他們離開。接下來，羅西斯走遍了附近的各個堂區，向每一位他們知道的、或是別人推薦的神父求助。他們沒找到任何一位同意來為他們家驅魔的神父。最後，有一位神父聆聽了他們的遭遇後，建議他們去向主教詢問教區驅魔師的名字。

羅西斯一家人對於要去找主教感到忐忑不安，他們覺得他高不可攀（他們錯了。這位主教會像父親一樣歡迎他們的到來，他們會發現主教並不像政府高官那樣無法接近），所以他們轉而向一個祈禱團體求助，這個團體派遣了一組人去為這個被魔鬼感染的房子祈禱。他們念了聖母德敘禱文、向聖彌額爾祈禱文，以及玫瑰經。他們也祝福了家中的每一個房間，並鼓勵這位父親要每天與全家人一起念這些祈禱文。

即使在這群人祝福房屋時，也可以清楚地聽到敲擊牆壁、水管、椅子和阿爾巴床鋪的聲音。第一次祝福之後，安靜了兩天，但是隨後騷亂又重新開始，並且更加劇烈。祈禱小組的成員中，有人認識教區的驅魔師，便請求他的協助。他毫不遲疑地立即來到這個房屋。首先，他念了一段祈禱文以斷絕與靈媒瑪麗蓮娜的關係，然後，他祈禱破除任何人為了騷擾羅西斯一家而與魔鬼訂的盟約。最後，當孩子們不在的時候，他進入屋內，進行了第一次驅魔。

驅魔之後，情況立即明顯地改善，但不幸的是，好景不長，雖然祈禱小組仍繼續不斷地為他們祈禱。可憐的阿爾巴，她是受害最深的人。她不能再睡在自己的床上，只能到爸媽的房間過夜。即使在那裡，她在半夜時也會因為床頭板和床頭櫃受到重擊而被吵醒。之後，她身體的病痛加劇。她感到頭痛和腹痛，並開始出現無端的發燒和嘔吐。醫生也束手無策。腹部的超音波、驗血，以及其他檢查和化驗的結果，都沒有顯示任何異常。

這一家人再次打電話給驅魔師求救，他帶著一位經常與他合作的精神科醫生同來。做了完整的驅魔禮儀之後，情況仍沒有顯著的改善。那個祈禱團體堅持不懈地努力，也深深敬佩這一家人對天主和教會的堅定信心。然而情況卻日益惡化，似乎魔鬼的勢力正在報復他們所作的驅魔和祈禱。不幸的是，那位年老的驅魔師因為工作太多，無法更常來為他們驅魔。

這時候，第二種型態的心理折磨開始了。窗台上或百葉窗後面開始出現一些手寫的字條，上面寫著一些挖苦的話，例如：「我想那些邪術還沒被消除。你還好嗎？謝謝。」諷刺的意味十足。「今晚這個邪術要讓兩個人遭殃。」或「今天晚上，在你那華麗的家中（這好像是嫉妒的跡象？），你將可以享受一場美妙的表演。」祈禱小組的成員輪流在羅西斯家過夜，以鼓舞他們。這些威脅從來沒有成真，只是恐嚇而已。

奇怪的是，這些字條下的署名都是「瑪賽娜」——這是一個與家人已失聯多年、下落不明的阿姨的名字。折磨繼續加劇。對阿爾巴所施的邪術似乎不減反增：到了夜晚她就想要外出，並且試圖毀壞聖像。其他家庭成員也不能倖免：他們的身體開始有各種奇怪的疼痛，譬如被人掐住喉嚨、將要窒息的感覺。多梅尼科和他妹妹一樣，噩夢不斷，並有幻覺。

我在寫這本書的時候（一九九二年），這樣的情況仍未改變。想必讀者會感到失望，因為我沒有告訴大家一個美好的結局。我們無法控制時程，這也可能耗費相當長的時間，不過我可以擔保，羅西斯一家必會得到釋放，因為他們選擇了天主的道路。

我不知道到目前為止他們都試過哪些方法，但我有處理類似情況的經驗。我建議那家人在暑假期間到外地去住一個星期，看看對這些人的侵襲是否仍會持續。我通常很不願意建議這些人搬家，因為這樣做的結果，往往只是災禍如影隨形地跟著受害者到他們的新屋去。雖然緩慢，但最可靠的得救之道，就是羅西斯一家人所遵循的道路：時時祈禱，常領聖事，並為個人和家庭驅魔。

從魔鬼感染到附魔

阿美妲是一位已婚的婦女，生於一九三六年，有一個十七歲的兒子。她在一個有名無實的天主教家庭中長大：他們只在洗禮、婚禮、喪禮、復活節和聖誕節時去教會，阿美妲也是如此。然而，在她內心深處仍有真正靈性的需求，她渴望度一個不僅是徒有其表的基督徒生活。她試圖以對主耶穌的摯愛來彌補她所欠缺的信仰陶成。她從很多地方都看到天主的存在：一顆長成樹木的種子、四季的循環、奇妙的身體與其機能，以及所有創造的奇蹟。

一九五七年，阿美妲與一名工程師結婚後，生活平靜，直到一九七八年才發生了一些令人困惑的事情。阿美妲立即指出它的起源——撒旦。剛開始時的一些現象幾乎無關痛癢。有一盞燈會自己亮起和關掉，傢俱會發出木製品不可能會有的嘎吱聲，以及牆上的相框會莫名其妙地掉落。接下來，電器開始出現故障，之後不久，更嚴重的現象逐漸浮現了。

這對夫妻無法再安靜地睡覺，由於他們總是感到身體疲倦、心情煩躁，無可避免地會引發口角。這是以前從未發生過的事情。起初，他們吵得並不劇烈，仍會保持互相尊重；但是逐漸地越吵越凶，聲量提高，很快地就變成惡言相向、穢語交鋒，進而惡化到大打出手；總是亂擲東西，一地破碎。事至如此，兩人之間的關係基礎只剩下了暴力。

有一天，阿美妲拜訪了一位神父。她說明了自己的困境，並表示她需要驅魔。神父的回答很簡短：「這是不可能的。教會不再做這些事情了。」他勸她要祈禱。阿美妲失望地解釋說，她也想要這樣做，但現在她連以前每天誦念的最簡單的祈禱文也記不起來了。每次當她試著要念天主經（主禱文）時，這些句子似乎就在她的腦海裡糾結一團，使她連想都無法想，更別說去念出來了。但神父沒有聽進去。

後來她試著去教堂，並且排隊去領聖體，但每當她快排到前面時，就會被一些極端怪異的想法控制住，使她無法接近祭台或拿著聖體盒準備發聖體的神職人員。那都是一些非常沒有理性的念頭，例如：「神父可能有什麼傳染病，會藉由麵餅傳給我。」

因此，她會盡量裝得若無其事地走開，沒有領受聖體就出了教堂。她相信天主不要她回到祂的家。有時她會想像總領天使聖彌額爾背叛了上主，加入反對陣營，阻擋了她的祈禱，使她無法上達天聽。

她家裡的情況更加惡化。夫妻之間的爭吵，暴力不斷升級，甚至不顧已經飽受噩夢困擾的兒子是否在場。那個孩子會在夜裡突然醒來，看到沒有臉孔的可怕人影。不久之後，阿美妲也開始有同樣的幻覺：她最常見到的是一個面帶譏諷嘲笑的男人。絕望之餘，她興起了自殺的念頭，認為那是唯一的解脫之途。幸好還有兒子的愛心和關懷，讓她還有力量抗拒自殺的誘惑。

一九八〇年夏天，這對母子按照往例去倫敦住了一個月，在那裡他們參加了一些英語課程。有一天，當她在反省自己與丈夫之間荒謬的爭吵時，阿美妲看見了一位英國聖公會的牧師。她想：「如果天主教的神父不肯相信我，這個人大概也會把我趕走。不過，至少我可以問他關於基督信仰的事。」她便前去告訴他自己的煩惱，包括一些最荒謬、最不合情理的事情。

令她大感驚訝的是，牧師並沒有生氣，只是非常專注地聆聽她的故事，並承諾將盡一切可能幫助她。他請她明天帶著她的兒子一起來，他會請另外一位也是驅魔師的牧師來幫忙，為她們母子驅魔。

這兩位仁慈的牧師在禮拜之後進行了驅魔。整個儀式中，阿美妲的反應正常。她只是感到非常累，當她要離開教堂時，整個人精疲力竭。她的兒子也感到疲憊不堪，雖然沒有像她那麼強烈。因此他們決定不去上英文課，而回旅館休息。

阿美妲頭一沾枕就睡著了。她夢見了一個鼻子上有創傷的阿拉伯人。他死於暴力，但站在她面前渾身哆嗦，不知所措。阿美妲醒來，看到那男人真的站在她的床邊。她沒有感到驚慌，而是強行把他趕了出去。從那一刻起，母子倆就感到非常地寧靜。他們看到所有東西都開懷地笑，因為他們很久沒有這種感覺了，然後他們回到教堂去感謝那位聖公會的牧師。牧師對驅魔成功感到非常高興，但嚴厲地警告他們不要被騙。他提醒他們說，那些剛離開的困擾很可能會去而復返，他特別向他們強調，回到義大利後應該立即去找一位天主教神父。

這對母子感覺情況如此地好，是如此地自由，因此他們沒有聽牧師的勸告。他們認為他是過分謹慎才會說那些話。但是，他是對的。當他們一回到家中，問題又恢復了。阿美妲想要再回倫敦，但是不可能。她認為自己快要瘋了，就去看精神科醫生。這真是一個極大的錯誤！她所諮詢的醫生是位沉悶的物質主義者，他沒有任何方法可以幫助她，她也很快意識到醫生無法減輕她的任何痛苦。

在朋友的建議下，她去見一位以占卜聞名的女人。寒暄之後，這位占卜者驚恐地望著阿美妲，宣稱困擾阿美妲全家人的冤魂惡鬼多到讓她害怕，因此她拒絕捲入此事。她建議阿美妲去找當地的一個基督教團體，他們可能願意為她的釋放而祈禱。事實上，這個團體非常熱情和慷慨地歡迎她，他們的祈禱帶來了一些改善，但沒有使她完全康復。

阿美妲繼續尋求治療的方法，但她有一個感覺，是魔鬼正在引導她的腳步。最後她來到了一間所謂的東正教教堂。一位年輕的教士向她收取了高額的費用之後，告訴她要每週一次，在特定的時間焚燒一種草。每週的後續看診，費用越來越高。儘管如此，等候室裡仍擠滿了「顧客」，阿美妲自欺欺人地認定這是一個好徵兆。最後，她受邀去參加他們的星期天彌撒，並會見了房主，一位自稱為「主教」、令人感到不安的人。阿美妲對他的印象非常不好，因此雖然這裡有很多與她有類似問題的人，她仍決心要去別處。

這段時間內，她的家務事變得越來越糟。為她家整修房屋的公司是由一些與高階司法人員有勾結的詐欺慣犯所經營，最後這對夫婦被騙了一大筆錢。接下來的另一個重大打擊是，她的先生在一家公司認真工作了四十年，卻突然莫名奇妙地被解雇。阿美妲在路上被搶；不久之後，她又摔斷了腿。這一連串的怪異事故，全家無一倖免，甚至連他們的寵物也不例外：他們細心照料、年歲不大的金絲雀突然死亡；貓走失了；他們年輕健壯的愛犬在人行道上被汽車撞到。甚至，學業成績一向優秀的兒子也突然留級了。

最後，阿美妲找到了正確的途徑。她得知在他們的教區有一位由主教正式任命的驅魔師。這位驅魔師雖然年老，工作負荷又過重，但他還是推薦了他的朋友，另一位驅魔師。那位驅魔師一聽到阿美妲的故事和她家人的遭遇，對他們深表同情，立即開始著手幫助他們。

第一次驅魔的時候，阿美妲感到忽冷忽熱，然後她聞到一種無法忍受的噁心氣味，最後她感到像她上次在倫敦所經歷過的那種極度疲憊。接著，是為她兒子驅魔。他除了有些意識不清外，沒有什麼特別的反應。

在驅魔之後，他們夫妻又和好如初：他們不再爭吵，而彼此互愛互重。繼續接受驅魔後，他們三人都感到完全地釋放，但他們仍然擔心魔鬼會去而復返。幸運的是，這一次魔鬼沒有回來，而是他們完全地皈依天主，體驗到唯有天主恩賜的寬恕才能帶來的內心深處的平安。他們逐步地切斷了與撒旦的所有關聯，也感受到束縛他們的鎖鏈一個一個地被掙脫了。

現在這個家庭得以享受平靜安寧的生活，他們可以盡情地賞花、看雲、散步、聆聽音樂。這些事情對我們來說似乎平淡無奇，但對那些曾經成為魔鬼恐怖權勢獵物的受害人而言，這就像是全新的體驗。阿美妲對每一位幫助她渡過這場災難的人，從第一位英國聖公會的牧師到最後一位天主教的驅魔師，仍深懷感恩之情。她決定寫下她的親身經歷，包括她自己所犯的錯誤，因為她希望能夠藉此幫助那些可能正在經歷同樣試煉的人。

II 聖經中的驅魔

Nuovi Racconti Di Un Esorcista

第六章

基督與撒旦的對抗

我要說的一切，都是基於耶穌的行動、他的教導，以及他賜給門徒的權力。沒有這些基礎，就不可能瞭解他的救贖行動。我們可以將耶穌的計劃概括在下列三段經文中：

- 天主子所以顯現出來，是為消滅魔鬼的作為。（若望／約翰一書 3:8）——這句話描寫得非常鞭辟入裡。要瞭解天主神聖的工作，必須要先思考這句話。
- （他）治好一切受魔鬼壓制的人（宗徒大事錄／使徒行傳 10:38）——伯多祿（彼得）用這句話，來總結耶穌與第一個接受基督信仰的外邦人科爾乃略（哥尼流）相遇的重要場境中，所行的救贖行動。
- 要穿上天主的全副武裝，為能抵抗魔鬼的陰謀，因為我們戰鬥不是對抗血和肉，而是對抗率領者，對抗掌權者，對抗這黑暗世界的霸主，對抗天界裡邪惡的鬼神。（厄弗所／以弗所書 6:11-12）——保祿（保羅）簡明且深刻地指出，基督徒為了忠於主，必須接受這場戰鬥，並以這些話來激勵他的聽眾。

從這些經文中，我們可以明瞭福音非常強調基督與撒旦之間的直接爭鬥以及魔鬼的徹底失敗，因為這些事在我們的信仰中具有基本的重要性。

從一開始，耶穌在約旦河受洗、天父做了莊嚴的宣示之後，基督的公開傳教生活就是以對抗誘惑的型態呈現。馬爾谷用一段簡短明確的話來描繪基督與魔鬼的對抗：「他在曠野裡，四十天之久，受撒旦的試探。」（馬爾谷福音 1:13）瑪竇（馬太）和路加告訴我們，這個誘惑的目的具有非常深刻的意義，因為它是我們自己內心受到試探的迴響。換句話說，我們被要求在肉體的慾望（食物，成功，權力……）和聖神的旨意中，做出抉擇。我們必須在撒旦的羅網和天主的許諾之間選擇一項。

第一個亞當選擇了撒旦的圈套。第二個亞當——基督——選擇了聽命於天主，雖然他的忠實意味著要拒絕在塵世的王國，並且最後要在十字架上承受死亡。

聖經關於驅魔的敘述

撒旦從一開始就被擊敗。主的宣講目的是建立天主的國，並預告他對撒旦的最後勝利。在全部福音中，基督的神性越來越顯露，並以非常特殊的記號來顯明：也就是他所行的奇蹟。正因為他的行動全是為了摧毀撒旦的勢力並將人釋放，耶穌制服不潔之靈的事蹟，具有特別的意義。因此，聖史堅持指出這些事件——我也在本書中不斷地強調——也明白而精確地區分「治癒疾病」和「驅逐魔鬼」這兩種行為。

我從〈馬爾谷福音〉開始說明我的觀點。馬爾谷開宗明義，在第一章就三次強調基督的權力勝過魔鬼：「當時，在他們的會堂裡，正有一個附邪魔的人，他喊叫說：『納匝肋人耶穌！我們與你有什麼相干？你竟來毀滅我們！我知道你是誰，你是天主的聖者。』耶穌叱責他說：『不要作聲！從他身上出去！』邪魔使那人拘攣了一陣，大喊一聲，就從他身上出去了。眾人大為驚愕，以致彼此詢問說：『這是怎麼一回事？這是新的教訓，並具有權威；他連給邪魔出命，邪魔也聽從他。』」（馬爾谷福音 1:23-27）注意群眾是如何感受的：他們將耶穌的教導與他驅逐魔鬼的力量相提並論。兩者都同樣證明了他的權威。

「到了晚上，日落之後，人把所有患病的和附魔的，都帶到他跟前，闔城的人都聚在門前。耶穌治好了許多患各種病症的人，驅逐了許多魔鬼，並且不許魔鬼說話，因為魔鬼認識他。」（馬爾谷福音 1:32-34）耶穌不要魔鬼為他做見證。他的見證來自天父，並將導引我們成為他的見證人。此外，魔鬼的見證是危險的，因為他們本質上就是騙子，他們會選擇在自己喜歡的時間，用自己喜歡的說法來透露關於耶穌人性的事實。

最後，馬爾谷以下面內容作為他的福音第一章的總結：「他遂到加里肋亞各地，在他們的會堂裡宣講，並驅逐魔鬼。」（馬爾谷福音 1:39）在這裡，我們再次將耶穌的講道與他對撒旦的勝利聯結在一起。

馬爾谷也在其他章節中顯示了耶穌對惡魔的權柄：「邪魔一見了他，就俯伏在他面前喊說：『你是天主子。』他卻嚴厲責斥他們，不要把他顯露出來。」（馬爾谷福音 3:11-12）

耶穌與敘利亞的腓尼基女人相遇的故事，也值得我們注意。這位外邦女子，因為她極大的信德，得到女兒被釋放的賞報。重點是，這次的救贖工作是在「遠距離」外完成的，因為受害者本人並不在現場（馬爾谷福音 7:25-30 ）。

此外，有兩個關於釋放的例子也很重要，因為馬爾谷用很豐盛的細節來描述它們：一個例子是**革辣撒（格拉森）的魔鬼**（馬爾谷福音 5:1-20），另一個是**宗徒無法驅逐附在男孩身上的惡魔**（馬爾谷福音 9:14-29）。瑪竇和路加也都描述了同樣的事情，可見其具有特別的重要性。

我要以〈瑪竇福音〉（馬太福音）和〈路加福音〉中的一些例子來作結論，然後我將指出這些事件的一些不同面向。我將著重於耶穌自己如何注重這些事件，以及他將驅魔的權力首先賜給他的宗徒，然後賦與七十二門徒，最後普及於所有信徒。最後，第四位聖史——若望，他不在各別的事件中多費筆墨，而喜歡用恢弘的筆觸來闡述耶穌戰勝撒旦的觀念。

有時，瑪竇也用概述的名詞來敘述耶穌的釋放，而沒有提到確切的數字：「他的名聲傳遍了整個敘利亞。人就把一切有病的、受各種疾病痛苦煎熬的、附魔的，癲癇的、癱瘓的，都給他送來，他都治好了他們。」（瑪竇福音 4:24）「到了晚上，人們給他送來了許多附魔的人，他一句話就驅逐了惡神；治好了一切有病的人。」（瑪竇福音 8:16）

路加敘述的釋放的例子，有的是集合性的述說，也有的是各別的事件，譬如被惡魔纏身十八年的女人（路加福音 13:11-17）。

此外，還有這樣的敘述：「日落後，眾人把所有患各種病症的，都領到他跟前，他就把手覆在每一個人身上，治好了他們。又有些從許多人身上出來的魔鬼吶喊說：『你是天主子！』他便叱責他們，不許他們說話，因為他們知道他是默西亞。」（路加福音 4:40-41）或是：「群眾……來是為聽他講道，並為治好自己的病症；那些被邪魔纏擾的人都被治好了。群眾都設法觸摸他，因為有一種能力從他身上出來，治好眾人。」（路加福音 6:17-19）以及：「還有幾個曾附過惡魔或患病而得治好的婦女，有號稱瑪達肋納的瑪利亞，從她身上趕出了七個魔鬼。」（路加福音 8:2）

聖經中釋放的例子

現在我將詳細介紹兩個更複雜、情節更豐富的事件。

我們先從釋放革辣撒的附魔人開始說，他們遭受的是最嚴重的魔鬼附身，完全被控制的情況，故事的細節主要取材自馬爾谷的描述（馬爾谷福音 5:1-20）。

我們看到魔鬼的超人力量，他能夠掙斷鎖鏈和捆縛；他是如此地暴怒，連與他擦身而過都很危險（附魔的例子各有不同的症狀，例如，魔鬼造成的痛苦可能像是身體的疾病：請看關於釋放附魔的聾啞人和傴僂女人的敘述。在今日，魔鬼附身的後果仍有許多不同的形態）。

重要的是，耶穌詢問惡魔的名字，其答案也透露很多訊息：「我名叫『軍旅』，因為我們眾多。」（馬爾谷福音 5:9）這也發生在今天。有趣的是，耶穌答應惡魔的要求，允許他們進入豬內，而不是「離開此地」（馬爾谷福音 5:10），或甚至像路加敘述的那樣「進入深淵」（路加福音 8:31）。

今天的情形也很類似，魔鬼經常會告訴驅魔師他希望去哪裡，或是驅魔師自己可以指定一個地方。福音敘述這個故事的結局是，耶穌賦與這位被治療的人一個特別的使命：為他自己的釋放做見證。耶穌這樣要求並不是隨興的，雖然耶穌要被他治癒疾病的人不要聲張，但他從來沒有命令一個附魔的人對他的釋放保持沉默。

第二個有豐富細節的釋放故事，是發生在耶穌正與伯多祿、雅各伯（雅各）和若望三位宗徒一起在大博爾山上時，其他九位宗徒遇見一位附魔的男孩，卻無法使他得到釋放。我說的是〈路加福音〉記載的另一個極端嚴重的附魔事件（路加福音9:38-43）。這一次，魔鬼的受害者先是變得喑啞，接著受到邪靈的折磨，被摔在地上，全身有如癲癇發作般的痙攣。更糟的是，這個惡魔非常殘暴，想要置他的受害者——一位父親的獨生子——於死地，有時把他投到火裡，有時投到水裡（馬爾谷福音9:14-27）。

我要提醒讀者注意兩個重要的細節。首先，耶穌問：「這事發生在他身上有多少時候了？」（馬爾谷福音9:21）福音從來沒有告訴我們任何特定附魔事件發生的原因，但在這個例子中提到了時間的長短：「從小的時候。」為什麼這很重要？因為它顯示受害者顯然是無辜的。

第二個重要的細節，是耶穌對釋放開出的處方。他要求附魔者的父親要有信心：「為信的人，一切都是可能的！」（馬爾谷福音9:23）對宗徒們而言，他們因為驅魔不成而感到訝異和氣餒，耶穌說：「這一類的邪魔，非用祈禱和禁食，是不能趕出去的。」（馬爾谷福音 9:29）這是對他賦與宗徒的權力的限制嗎？不是的，我相信這正是要明確地指出，驅魔是極為重要、也極其困難的事。驅魔的成功不是一蹴可幾的，除了信德和祈禱外，往往還需要很長的時間。

現在我們看過了耶穌驅魔的力量，是該我們反思的時候了。首先，我們必須意識到，**耶穌知道魔鬼的力量：**

- 魔鬼可以進入一個人：「隨著那片餅，撒旦進入了他的心。」（若望福音 13:27）這描述了猶達斯的結局。
- 即使魔鬼離開了，還可以帶著七個比他更惡的魔鬼再回來（瑪竇福音 12:43-45）。
- 魔鬼的行動可以讓人驚訝，就像術士西滿（西門）（宗徒大事錄 8:9）。
- 在某些時候，魔鬼有更大的權勢：「現在是你們的時候，是黑暗的權勢！」（路加福音 22:53）
- 在末日的時候，魔鬼可以特別顯示這個權力，正如〈默示錄〉的末世言論所告訴我們的。

此外，**魔鬼與天主的計劃是對立的**：

- 在撒種的比喻中，是魔鬼偷走了落在路旁的天主聖言的種子（瑪竇福音 13:19）。在種子和雜草的比喻中，他是那播種雜草的仇敵（瑪竇福音 13:39）。
- 魔鬼試圖將天主的兒女變成自己的兒女：「我不是揀選了你們十二個人嗎？你們中卻有一個是魔鬼。」（若望福音 6:70）「你們是出於你們的父親，魔鬼，並願意追隨你們父親的慾望。」（若望福音 8:44）「阿納尼雅！為甚麼撒旦充滿了你的心，使你欺騙聖神？」（宗徒大事錄 5:3）「西滿，西滿，看，撒旦求得了許可，要篩你們像篩麥子一樣。」（路加福音 22:31）

鑑於這些事實，耶穌展現的制服撒旦的力量，具有非常深刻的意義，並在經師（文士）和法利塞人中間造成了恐慌。他們試圖找一些自圓其說的藉口，說他是藉著魔王來驅逐惡魔，例如：「他們出去後，看，有人給耶穌送來一個附魔的啞吧。魔鬼一被趕出去，啞吧就說出話來。群眾驚奇說：『在以色列從未出現過這樣的事情。』但法利塞人卻說：『他是仗賴魔王驅魔。』」（瑪竇福音 9:32-34）他們常常重複使用這樣的指責：「現

在我們知道：你附有魔鬼。」（若望福音 8:52）「他附有貝耳則步。他賴魔王驅魔。」（馬爾谷福音 3:22）

這個指控牽涉到基督的使命中最基本的一點。他來，是為了摧毀撒旦的作為，釋放所有在撒旦權勢下的人。耶穌回答經師和法利塞人的話非常明確、完整，並且關係著三個論點。

第一個論點：他們的指責是完全無稽的，因為如果是真的，就會造成撒旦王國的自我毀滅。「撒旦怎能驅逐撒旦呢？一國若自相紛爭，那國就不能存立……撒旦若起來自相攻擊紛爭，也就不能存立，必要滅亡。」（馬爾谷福音 3:23-26）

第二個論點：比第一個更強。雖然第一個解釋顯示出這個指責是絕對荒謬，但第二個解釋顯示了正在發生的這件事情的真正意義。因此，它打開了群眾的眼睛，讓他們看到耶穌展示出對邪靈的力量的真正意義。「如果我仗賴天主的神驅魔，那麼，天主的國已來到你們中間了。」（瑪竇福音 12:28）驅逐惡魔標誌著天主的神國臨到這個世界，這個事件是至關重要的：「現在這世界的元首就要被趕出去。」（若望福音 12:31）「這世界的首領已被判斷了。」（若望福音 16:11）正是為了這個任務，耶穌才來到世上：「這時刻，有幾個法利塞人前來給耶穌說：『你離開這裡走罷！因為黑落德要殺你。』耶穌給他們

說：『你們告訴這個狐狸罷！看，我今天明天驅魔治病，第三天就要完畢。』」（路加福音 13:31-32）

第三個論點：定論。耶穌清楚地揭示了他絕對至高的地位，以及撒旦的必然失敗。「幾時壯士佩帶武器，看守自己的宅舍，他的財產，必能安全。但是，如果有個比他強壯的來戰勝他，必會把他所依仗的一切器械都奪去，而瓜分他的贓物。」（路加福音 11:21-22）這個比喻非常明顯，這個壯士指的是撒旦，他自認是安全的。

當耶穌來臨的時候，魔鬼透過附身的人抱怨說：「你來毀滅我們嗎？」因為耶穌是更強壯的，他克服了惡魔。「世界的首領……在我身上一無所能。」（若望福音 14:30）「這世界的首領已被判斷了。」（若望福音 16:11）天主的王國開始了。這是為何當聖保祿被阿格黎帕（亞基帕）王質問的時候，他重複了上主的話：「我把你從這百姓及外邦人中救出，是要打發你到他們那裡去，開明他們的眼，叫他們從黑暗中轉入光明，由撒旦權下歸向天主。」（宗徒大事錄 26:17-18）

撒旦在基督的手中落敗後，他就開始與基督的追隨者爭鬥。第二次梵蒂岡大公會議提醒我們，這場對抗邪靈的戰役將會持續到末日（參照《論教會在現代世界》牧職憲章第三十七條）。這就是為何上主賦與宗徒以及所有相信他的人特殊的權力。

相關資料

誰是撒旦？誰是惡魔？

我們對於可見的世界所知很少。我們對於不可見的世界所知更少。這就是為何我們寧可否認它的存在而不願去研究它。然而，當我們否認它的存在時，我們也不自覺地否認了天主的全能和智慧。他所創造的萬物，其尊嚴、完美的秩序和精確的結局是人類的心靈難以想像的。

當有人問我有多少天使的時候，我會引用〈默示錄〉來回答說，有千千萬萬，這是一個天文數字，是我們難以理解的。當我被問到有多少魔鬼存在的時候，我用魔鬼自己藉著附魔者所說的：「我們是如此之多，如果我們是可見的，我們會遮蔽太陽。」

如果你想稍微體會一下天主創造的宏偉——這是一個我們很少想到，也無法理解的事——我建議你試著思考一下圍繞著太陽的星體。天文學家遠比我更能貼切地描述宇宙的奧妙，有一位天文學家肯定地說：「我不是相信：我是看見。」如果我們認真思考過宇宙的奧妙，我們就會萬分驚訝。完美的智慧連結了那些支撐宇宙的各種力量。例如：地球的引力牽引住月球；明智的自然律管轄著這些力量，讓它圍繞著我們的地球旋轉，而不會撞擊到它（或飛入太空）。整個太陽系只是有數十億顆恆星的銀河系中的一部分。我們知道這個星系的所有星體，都是被一個單一的引力源頭所維持，天文學家認為這個源頭距離我們的太陽系大約有三萬光年之遠。我們銀河系的軸線大約有九萬光年長。我們正在談論的是一個不可測的次元！但從幾百萬光年的距離外來看，我們的星系只不過是一個小小的光點。

我們可以看到許多其他距離我們幾百萬光年遙遠的星系。有多少？這是我們不可能回答的問題。天文學家希望能夠找到宇宙的中心。他們希望能精確地指出所有天體的引力中心點，但是到目前為止，他們也只能無奈地接受這些假說。當我們讚嘆宇宙的浩瀚時，科學家們則為無限極小的原子間的和諧而讚嘆。

如果物質世界的秩序是如此令人驚訝，那麼我們怎麼看屬靈世界的秩序呢？天主創造了千千萬萬有著奇妙秩序和令人驚訝的規則的天上星體，也以同樣無上的能力和智慧，創造了千千萬萬天上的靈體。聖經描述九個天使的品位，早期教會教父和學者對此做了許多研究和著作。另一方面，現代神學家則忙於研究社會學。藉著這一切，即使在天上的靈體中，也存有這樣的秩序、層級，以及雅緻的智慧（因為我們所講論的是有智慧和自由的生命），只是為了喜悅、快樂、美善而存在。所有的安排都是為了讚美造物主。

根據聖經的敘述，通常認為天主先創造了天使，然後創造了宇宙。物質世界的創造，本身就是不可思議的奧秘，因為它是從天主的全能和智慧開始的。但是，只有當人被創造後，物質世界的意義才得到滿全。因為人，這整個美好的創造——人也屬於其中一部分——才能與天主、造物主，合而為一。

人是理性的生物，因為人是按照天主的肖象和模樣所造（創世紀 1:26）。這意味著他可以與他的造物主重新合一與共融。但是從另一方面而言，同樣源於上主的物質世界卻是完全被動的，並且一切都須依靠天主。因此，在本質上它就不可能與造物主之間享有直接而親密的關係。

天使是天上的靈體，由於他們的本質，他們不會與任何物質有親密的關係。因為他們是純精神體，他們無法明白他們親眼看到天主創造的這個世界的意義——這超出了他們的智慧，事實上，整個宇宙的創造對他們來説似乎是完全荒謬的。直到最後，終於出現了一個理性的生物——人。人因為具有智慧和自由，能夠與天主保持親密的關係，並使整個物質世界變得有意義，因為人用此來讚美造物主。

我們相信天使的反叛先於人的創造。有一種理論認為，在宇宙竣工，並因人的創造而更形高貴之前，有些天使認為創造物質世界是可恥的。從一開始，這些天使就不讚美天主，因為從他們精神體的角度來看，認為物質世界是荒謬的，因而質疑天主。這是他們反叛天主的開始。看來，這似乎是由於他們的傲慢，而無法對天主的智慧給予應有的尊重，就像人在遭遇痛苦的問題時，也似乎無法相信天主的智慧。

誰是撒旦？猶太拉比的傳統認為，他是天主寶座前最重要的靈體。他有十二隻翅膀，是聖經中的色辣芬（撒拉弗）天使的兩倍（參見《艾立澤爾拉比賢訓》〔*Pirkè of Rabbi Eliezer*〕十三章）。讓我們設想，假使我們身處的星系不顧掌控行星不斷運轉的規律，而決定要自己隨意地飛越天際，它們將會拖著無數的星體，在整個穹蒼中造成毀滅性的影響。

大多數的初期教會教父將撒旦的開始墮落，歸咎於他因驕傲而渴望超越受造物的身分，脫離天主而獨立，並覬覦只應屬於天主的崇高地位。多個世紀以來，也有其他人提出了不同的理論；然而，所有人都同意，撒旦的反叛是在自由的心態下，自己作出的不可逆轉的選擇，並連帶影響了許多其他天使。這些天使也是出於完全的自由，依自己的意願選擇跟隨撒旦。他們對天主無情的敵意始自於此。

人是天主最後創造的。人一出現，撒旦就開始努力地想使人遠離天主為人所計劃的目標，並且煽動人參與對抗造物主的行動。撒旦原是天主最傑出的創造：他是所有受造物的首領。一旦他刻意地以自己全部的力量和意志來反對天主，完全徹底地抗拒天主，他就踏上了一條不歸路，成了離天主最遠的生靈。反叛的罪性成了他內化的本質，永世不變。

聖經以許多不同的名字來稱呼他：撒旦、路西弗、貝耳則步（別西卜）、古蛇、紅龍等等。也許最準確、最適合他的名字就是「褻瀆者」。如果可以將邪惡具體地擬人化，比擬為某個角色，那麼它的本質就是撒旦。

撒旦墮落後的結果是什麼？正如我前面說過的，由於他挾著尊貴的地位與權柄，來抗拒天主所賦與的倫理和靈性的秩序，撒旦也勾引了多如繁星的天使來追隨他。這些天使追隨他的意願，是出於自己清明意識的同意與完全自主的抉擇。但是撒旦仍不以此為滿足，仍盡其所能地企圖拉扯更多的人來追隨他——同樣地，這些人具有充分的意識和自由。天主從不遺棄他所創造的生靈，因為如此就無異於他遺棄自己。因此，撒旦仍然保留了他被賦與的權力。他曾是創造的典範，如果他沒有選擇歧途，他依然是。這就是為何基督必須經由童真聖母降生成人。基督來，是為摧毀撒旦的作為，並經由他十字架的寶血召叫天上和地上的一切生靈，重歸於他。

然而，撒旦仍是耶穌曾三次稱呼的「這個世界的首領」，或者是如保祿所定義的「今世的神」（格林多／哥林多後書 4:4）。他原是天主所造，應為受造物帶來秩序，卻反成了永不止息的毀滅者。撒旦有如存在於宇宙中的那些「黑洞」，吞噬了周遭的一切事物。他是所有邪惡的起源：罪惡、疾病、痛苦和死亡。基督的救恩已經恢復了宇宙中的秩序，並且因為基督而比起初更美好。救贖是第一次真實而偉大的驅魔；耶穌是第一位驅魔師，在每一場對抗惡魔的戰鬥中，所有的力量都來自他。

想要從魔鬼的權勢下被救贖、釋放出來之前，人必須先願意接受基督給予的恩典。「你們往普天下去，向一切受造物宣傳福音，信而受洗的必要得救；但不信的必被判罪。」（馬爾谷福音 16:15-16）受洗是從撒旦權勢下得到釋放的第一個行動。藉著這個聖事，我們被接枝到基督內；這就是為何領洗聖事也包括驅魔的儀式。在這同時，魔鬼的工作會繼續不停，正如第二次梵蒂岡大公會議告訴我們的，被基督擊敗的撒旦，轉而不斷地與基督的追隨者作戰。上主警告我們，與反黑暗勢力的鬥爭將延續到末日。

第七章

「他們要因我的名驅逐魔鬼」

驅逐魔鬼的權力

我們已經討論過了驅逐魔鬼的權柄具有根本的重要性。這個「記號」彰顯了基督是更強的那一位。他有摧毀撒旦的王國、建立天主神國的權柄。他的宣講堅定地將人導向天主。若要繼續救贖人類的工作，摧毀撒旦的作為，使人脫離魔鬼的奴役，這個「記號」就必須延續下去。這就是為何耶穌將驅逐魔鬼的權力，先交給十二宗徒，然後交給七十二位門徒，最後交給所有相信他的人。

〈馬爾谷福音〉很快地就論及耶穌賦與宗徒的第一項權柄，就是驅逐邪靈。「他就選定了十二人，為同他常在一起，並為派遣他們去宣講，且具有驅魔的權柄。」（馬爾谷福音 3:14-15）「耶穌叫來十二門徒，開始派遣他們兩個兩個地出去，賜給他們制伏邪魔的權柄……他們驅逐了許多魔鬼，且給許多病人傅油，治好了他們。」（馬爾谷福音 6:7,13）

另兩部對觀福音〈瑪竇福音〉及〈路加福音〉所描述的也非常類似。「耶穌將他的十二門徒叫來，授給他們制伏邪魔的權柄，可以驅逐邪魔，醫治各種病症，各種疾苦。」（瑪竇福音 10:1）「你們在路上應宣講說：天國臨近了。病人，你們要治好；死人，你們要復活；癩病人，你們要潔淨；魔鬼，你們要驅逐；你們白白得來的，也要白白分施。」（瑪竇福音 10:7-8）「耶穌召集了那十二人來，賜給他們制伏一切魔鬼，並治療疾病的能力和權柄。」（路加福音 9:1）

這些耶穌的見證人顯然都一致同意，主特別重視這項權力和權柄。隨後，同樣的權力擴展到七十二門徒。重要的是，即使驅逐惡魔的力量常與治癒病人的力量相提並論，但前者特別受到強調，優先於後者。當七十二個門徒從他們的派遣返回，並向神聖的主報告他們的活動時，他們以極為敬畏之心報告他們制伏惡魔的能力：「主！因著你的名號，連惡魔都屈服於我們。」（路加福音 10:17）

耶穌趁著他們情緒高昂之際，又再強調惡魔的失敗，說：「我看見撒旦如同閃電一般自天跌下。」（路加福音 10:18）同時他也教導了我們重要的一課：沒有什麼可以傷害我們，「但是，你們不要因為魔鬼屈服於你們的這件事而喜歡，你們應當喜歡的，乃是因為你們的名字，已經登記在天上了。」（路加福音 10:20）很顯然，對耶穌而言，最重要的是撒旦的徹底失敗。

若望在他的第一封書信中，有一些非常強烈的言辭：「天主的子女和魔鬼的子女在這事上可以認出。」（若望一書 3:10）「那犯罪的，是屬於魔鬼，因為魔鬼從起初就犯罪：天主子所以顯現出來，是為消滅魔鬼的作為。」（若望一書 3:8）還有最後：「我們

知道：凡由天主生的，就不犯罪過；而且由天主生的那一位必保全他，那惡者不能侵犯他。」（若望一書 5:18）

驅逐魔鬼是很大的力量，但要抵擋這種誘惑，需要更大的力量。有些人具有指揮邪靈的力量，但那不足以拯救他們自己的靈魂。瑪竇引用耶穌對此的可怕警語：「到那一天有許多人要向我說：『主啊！主啊！我們不是因你的名字說過預言，因你的名字驅過魔鬼，因你的名字行過許多奇蹟嗎？』那時，我必要向他們聲明說：『我從來不認識你們，你們這些作惡的人，離開我罷！』」（瑪竇福音 7:22-23）

我們可以合理地推測，猶達斯也曾行過奇蹟，並驅逐惡魔；然而「撒旦進入了他的心中」，這就是為什麼我們不要因主賜給我們的力量而高興，而應該為了我們的名字已被登記在天上，而感到歡喜。另外，馬爾谷則是用耶穌將驅魔的權力賦與相信他的人這句話來結束他的福音：「他們要因我的名驅逐魔鬼。」（馬爾谷福音 16:17）

我們從〈宗徒大事錄〉可以看到，耶穌的門徒很快地就使用了主賦與他們的權力。論及宗徒時說：「還有許多耶路撒冷四周城市的人，抬著病人和被邪魔所纏擾的人，齊集而來，他們都得了痊癒。」（宗徒大事錄傳 5:16）論及執事斐理伯（腓利），「群眾都留意斐理伯所講的話，都同心合意地聽教，並看到了他所行的奇蹟。因為有許多附了邪魔

的人，邪魔從他們身上大聲喊叫著出去了。」（宗徒大事錄 8:6-7）

保祿的例子更多。這裡我只提兩件：「當我們往祈禱所去時，有個附占卜之神的女孩，向我們迎面走來；她行占卜，使她的主人們大獲利潤。……保祿……轉身向那惡神說：『我因耶穌基督之名，命你從她身上出去。』那惡神即刻便出去了。」（宗徒大事錄 16:16-18）「天主藉保祿的手，行了一些非常的奇事，甚至有人拿去他身上的毛巾和圍裙，放在病人身上，疾病便離開他們，惡魔也出去了。」（宗徒大事錄 19:11-12）

早期教會的驅魔

現在，我們已經為我們要討論的主題打下了堅實的聖經基礎，我們可以繼續來看幾個在歷史上**早期教會施行驅魔**的簡要例子。想要在這些議題上做更深入研究的人，可以讀幾本市面上已有的、關於這些特別議題的書籍。

簡單地說，歷史演變的過程如下。在教會初期，每個人都可以依基督賦與的權柄驅魔。這一點，在護教學上具有重要的意義，因為它將基督徒置於與異教的驅魔者直接對立的位置（稍後會對此有更多的討論）。不久之後，教會開始將驅魔的權柄限定於特定類別的人。在東方教會中，一般標準是必須要有被認可的神恩。在西方教會中，通常是由教會指定擔任驅魔師的人。在這兩種傳統中，驅魔禮都發展成兩種不同形式：(1) 為釋放附魔者的獨立祈禱文；(2) 在聖洗聖事中加入的祈禱文。

我們應當知道，每一個文明對於邪魔的存在都是非常注意的。對於這些邪靈的描述和與之對抗的方法，則因各地風俗而異。在古代的亞述、巴比倫、埃及、以色列地區，都有驅魔師的存在：例如，在聖經〈多俾亞傳〉中，我們看到總領天使辣法耳（拉斐爾）親自釋放了撒辣（撒拉），耶穌清楚地提及希伯來的驅魔者（路加福音 11:19），著名的猶太史學家約瑟夫（Flavius Josephus）也特別提及他們。自古以來，在所有民族中，術士和巫師都宣稱他們擁有指揮邪靈的力量。我們在世界的每個角落和每一個世代都會看到他們的蹤跡。

這帶領我們進入了早期基督徒作家特別強調的、驅魔在護教學中的意義。哲學家儒斯定（Justin）是第一位著書討論這個議題的人：「基督因天父的旨意而出生；為了救贖信徒並毀滅邪魔。你親眼睛所見，會使你信服。在整個宇宙間和你所居住的城市（羅馬）有許多惡魔，這是其他驅魔師、巫師和術士都無法治癒的。然而，我們基督徒能夠治癒他們。我們以在羅馬總督比拉多執政時被釘十字架的耶穌基督之名命令他們，我們將附於人身的惡魔貶至無能為力。」[1] 這份文件十分珍貴，不但因為它十分古老（第二世紀中葉），也因為它留傳給我們一個用於驅魔的儀式。

儒斯定在《與特來弗對話錄》（*Dialogue with Trypho*）一書中做了更多闡述：「任何以天主子之名驅趕的魔鬼——天主子在萬有之先就已存在，生於童貞瑪利亞而降生成人，受難，並於比拉多執政時被你們的百姓釘死在十字架上，而從死者中復活升天——任何惡魔，我再強調一次，都會因這個名字被制服和擊敗。反過來說，你們不妨試試看使用所有國王、義人、先知或居住在你們中間的族長之名來命令魔鬼，看看是否會有任何一個魔鬼被擊敗逃跑。」

聖依勒內（Irenaeus）也寫道：「藉著呼求耶穌基督之名——他在比拉多執政時被釘十字架——撒旦從人的身上被驅逐出去。」很有趣的是，我們看到不同的方式都以耶穌和保祿所使用過的同樣話語開始，並提及基督生命中的主要事件。總而言之，我們看到了最早對信仰宣認的開始。

神學大師特士良（Tertullian）確認基督徒可以有效地從其他基督徒和異教徒身上驅逐魔鬼，他是第一個描寫出驅魔時所使用的一些動作的人，例如，為人覆手及吹氣。他

1《護教書下篇》（*2 Apology*）六章五至六節。

證實了驅魔的力量來自於呼求耶穌之名。所有這些要件都可在領洗的禮儀中看到。

早期的教會遵從耶穌的命令，行使驅魔的權力，為附魔的人以及被邪惡本質奴役的人驅魔。教會也為充滿偶像崇拜和受到邪惡影響的社會驅魔。特士良很明確地指出：「除了我們，有誰能將你從那悄悄滲透並損害了你身心的邪魔的控制下釋放出來？有誰能在惡魔強大力量的攻擊下，將你解救出來？」

魔鬼一直不斷地使用這種邪惡的手段，影響社會，也影響個人。若要從現代的觀點來看，我將引用教宗保祿六世的三篇關於魔鬼的演說中的話（一九七七年二月二十三日）：「因此，我們毫不覺得奇怪，為何我們社會真正人性的水準日漸衰退，惡化成現在虛偽的成熟道德，而表現出對善惡、正邪之別的麻木不仁與漠不關心。無怪乎聖經嚴厲地告誡我們，『全世界屈服於惡者』。」

聖西彼廉（Cyprian）對於驅魔的力量有一個動人的見證：「來，用你自己的耳朵來聽魔鬼。來，用你自己的眼睛來看他們。當我們對天主的懇求、對邪靈的鞭打，以及我們祈禱文的力量，將魔鬼打敗時，他們就會放棄被他們佔據的身體……你會看到被你們高高舉揚、尊崇如同主子的魔鬼，被束縛在我們的手中，在我們的權下顫抖。」[2]確實，每次驅魔時，我們都會感到驅魔師的話會讓魔鬼飽受折磨，而且越來越難以忍受。根據魔鬼自己的證言，他們寧願在地獄受苦，也不願忍受我們的驅魔禱文。

神學家奧利振（Origen）在一篇反駁塞爾蘇斯（Celsus）的文章中論及，以耶穌之名驅逐魔鬼的力量：「驅魔的力量在於耶穌的名號。當我們呼求耶穌的名號時，我們同時也是在宣講他生命的事蹟。」奧利振為他的前人添加了一些新的元素。例如，他告訴我們，我們以耶穌之名，不但可以為人驅魔，也可以從物品、地方以及動物身上去除邪魔。他堅決反對使用巫術，他懇求基督徒不要使用任何祕密的儀式或者邪術，而要用耶穌之名的力量來表達自己的信仰。

利格提（Righetti）寫道：「在最初的三個世紀，所有基督信仰文學都經常會敘述我們在信仰內有特別神恩的弟兄們，他們的事工以及按照耶穌基督的吩咐，以祈禱和禁食來驅魔的事蹟。每個小團體都有相當數量的這類人，他們逐漸形成一個獨立的團體，並稱自己為驅魔師。他們很快就受到低階神職人員正式的承認。如此，教會可以很明確地區分這些有正確意圖、以基督之名驅魔的教會驅魔師，與行騙的、異教的巫師。〈希波呂托斯禮儀禱文〉（Canones Hippolyti）警告我們要提防後者，拒絕他們接觸信徒。」[3]

2 《對德默特琉的講話》（*An Address to Demetrianus*）第十五號。
3 《禮儀歷史手冊》（*Manuale di storia liturgica*, Ancora, 1959, 4:406）。

從歷史的這一章，現代教會可以學習到很多，而不僅是需要提供足夠的驅魔師以滿足信徒的需求。教會還應盡力地警告信眾，提防那些充斥在廣告及電視節目中的江湖術士、魔法、巫術的活動。然而，我們從來沒有在我們的教會中提及這類事情。

基督教史學家猶瑟夫（Eusebius）提及，教宗科爾乃略（Pope Cornelius）曾在一封信中，將驅魔師列於四品輔祭之後，其次是讀經員和司門，說明了早在公元第四世紀中葉，驅魔師已被列入羅馬教會的神職行列中。

從一開始，教會就採取步驟來分辨是否真正的附魔或只是疾病，並要求主教提供意見來幫助分辨各種附魔的症狀。公元四一六年，教宗聖諾森一世（Pope Innocent I）被徵詢意見時，宣布除非經由主教指派，執事和神父不能施行驅魔。

教會最早的文件就已經明列了施行驅魔的各種要素。包括：以**祈禱**懇求耶穌幫助附魔的人，以基督之名義向魔鬼下達禁令——這一點我們已經見過——以及一些禮儀中的手勢。為人**覆手**是最古老的傳統，耶穌曾為在葛法翁（迦百農）附魔的人覆手。然後我們有**十字聖號**，拉克坦斯（Lactantius, c.250-c.317）曾為其功效作證。我們也在特士良以及亞歷山大的狄奧尼修（Dionysius of Alexandria）的著作中發現了**以口吹氣**、祈禱同時**禁食**，是主耶穌親自教導的方式（馬爾谷福音 9:29）。**傅油**，使用的油與為病人所傅的油相同，也被證明對驅魔有效，例如，聖馬加略（Macarius）和聖狄奧多西（Theodosius）用傅油來釋放附魔者。我要再加上**在頭上撒灰和穿苦衣**[4]，這些在悔罪的過程中有重要的作用。

幾個世紀以後，另外兩種工具受到重視，因此直到今日仍然在使用。它們是：**祝福過的聖水**，這在古代禮儀中不存在的；另一個是將**聖帶**[5]放在病人的肩膀上，這是公元十世紀才開始出現的做法。教會越來越常建議要領受聖體聖事，這聖體是在專為慶祝驅魔成功而舉行的代禱彌撒結束時分發的。

最後是**驅魔儀式**。我們可以看到原先的驅魔儀式非常簡單。這些儀式是早在第八世紀末由阿爾昆（Alcuin, c.735-c.804）編制的，之後除了添加了一些祈禱文之外，就一直被我們使用。一六一四年教廷發布的《羅馬禮儀經書》對驅魔儀式也沒有做任何改變，直到一九九七年，負責更新驅魔儀式的特別委員會才發布了增訂新內容的《驅邪禮典》。

4 譯注：「苦衣」（hair shirt）原指用粗羊毛或駱駝毛編織的袋子，在聖經中，「身披苦衣，頭上撒灰」是表達哀慟、痛苦及悔罪補贖的象徵。

5 譯注：「聖帶」或稱「領帶」是天主教的執事、神父、主教等聖職人員在執行宗教禮儀時，佩於頸間長約八十吋之絲帶（圍巾），加在長白衣之外，象徵神權。

實際案例

只有驅魔師能幫我

以下是兩位受害者的自述，請注意這兩種經歷之間的區別。由於有不同種類的魔鬼和不同類型的附魔，每個案例的治療方法不會完全相同，但所有情況都需要祈禱、聖事，以及禁食。

我的故事很難用文字敘述清楚。我把它寫出來，只是因為我認為這樣也許會對其他人有所助益，而且它似乎與福音的教導一致。我從一九七四年開始受到魔鬼的侵擾。醫生無法解釋我的怪異症狀，精神科醫生也困惑不解。譬如：我會有突發性的哽咽窒息，全身顫抖，好像受到電擊一樣。有時，這種現象強烈到令人驚恐，以致我的先生必須在半夜致電值班醫生。

在這同時，我開始遠離天主教會。每當有人提及關於信仰的話題時，我都刻意貶低教會。你要知道，我一直是個虔誠的天主教友，我在所屬的堂區相當活躍。我是「天主教友行動」（一個義大利的天主教平信徒運動）的領導人之一。起初，我以為我是處於「成長的痛苦」階段，然而我對教會的怨恨持續了十多年。過去我很樂於花時間朝拜聖體，現在我只想趕快逃離聖體。所有事情似乎都變得荒謬：我把宗教視為神父表演給虔誠的笨人看的戲。

我的先生是一個虔誠的天主教友，我的行為使他很痛苦，不僅是因為我開始疏離教會，也因為我開始把他推開。一九七八年，我開始與參與一些邊緣團體，尋求靈異的體驗，這是我開始毀滅真正自我的時期。我的強迫症越來越嚴重，我被那些危險人物吸引，當我自暴自棄地讓自己屈服於這種權力之下時，我感到一種反常的快樂。多年來，我求教過各種靈性大師、異能治療師，及巫醫。

我的身體健康與心理狀態都日益惡化。我的身體似乎被一個鉗子夾住。我的消化系統不良，我的腎臟和關節都發生問題，我總是疲倦、消沉。只有當我參加一些能夠激起我內在情緒的「心理」課程時，我才覺得自己是活著的。

我相信，如果那時我知道關於驅魔師的事，我就不會轉向那些靈性大師尋求幫助，也會早點脫離我所處的地獄。令人難以置信的是，我積極參與教會這麼多年，竟然從未聽說過驅魔師。

隨著我所受到的試煉持續不斷，我開始狂熱地研究占星術。我從星象和輪迴的眼光來看一切事情。一九八一年，我遇到了一個瘋狂的精神科醫生，他是我所遇過最惡毒的人。後來，他自己也由於精神病而住院，而且我發現他已經與魔鬼立了盟約，誓言要竭盡所能地毀滅更多的人靈。

這個人找了一些藉口，邀請我到他的辦公室。藉著催眠，他玩弄了我的身體和靈魂整整一年。除非我們自己允許，才會被催眠，但魔鬼誘使我允許這個瘋子來折磨我。我深信，是因為聖母的庇佑——在我童年時，我的父母就將我奉獻給了聖母——他想置我於死地的企圖才沒有成功。

我不知道我是如何逃脫這場噩夢的。最後，我必須住院治療，在那裡我曾試圖自殺。兩個月後，我的病情開始有一些進展，但魔鬼仍然糾纏著我、控制著我。我開始做精神分析治療。這時，我與信仰的最後一點關聯也切斷了，我成了佛教徒。我練習禪修，但我感覺孤立而且不快樂。我參加了一個訓練瑜伽教師的學校，並且開始在我的村裡教導哈達瑜伽（Hatha-Yoga）。我對教會感到深痛惡絕，但在內心深處，我是絕望無助的。我不在乎任何人，甚至不關心我的丈夫和孩子。

一九八四年，我發現懷了我的第五個孩子，我歡天喜地。不幸的是，由於一連串怪病，使我的身體非常虛弱。醫生都幾乎無法相信，我的偏頭痛及身體的虛弱會嚴重到如此程度。兩個月後，一次嚴重的出血導致我的流產而必須接受手術，但上主在那醫院等候我。祂派遣祂的母親來安慰我。在病房裡，我感受到童貞馬利亞的精神與我同在，幫助我，責備我的過去，並邀請我跟隨她。我深深感受到平安與光明，因此非常樂意地接受了她的邀請。這個奇妙的經歷使我重新回到天主的跟前。

接下來的幾年對我而言非常艱苦。一方面，我們的聖母幫助我清理了充滿我信仰中的污穢意識；另一方面，魔鬼以可怕的誘惑和懷疑打擊我，催促我回到他的身邊。我相信在這段時間裡，驅魔師會對我有很大的幫助。晚上，我感覺到魔鬼的具體存在，他不斷地重複：「我會讓你回來的。」我請神父幫助我，但他們無能為力：他們對我的情況毫不瞭解，因為他們沒有處理魔鬼侵擾的經驗。我很遺憾地說，我親身體驗了他們在這方面的一無所知。

一九八八年，我的困難更加劇烈，但是我跟隨主的決心是堅定的，我沒有回頭。因此魔鬼對我的先生和孩子進行報復，用怪異的疾病打擊他們。在十三個月內，他們被送進急診室十四次。屬靈戰爭的層級升高了；邪魔企圖破壞我們的家庭。晚上，我會突然醒來，滿心絕望，無論我多麼想要祈禱也無法做到。絕望的感覺來得突然，去得也突然，然後，我又能全心讚美上主。

當我剛恢復祈禱生活時，我以為我不會再受到邪魔騷擾。這些痛苦的教訓讓我知道我做錯了什麼。他決心要摧毀我的抗拒，他的行為變得更狡詐。譬如，如果我參加一個靈修避靜，我就會被過多的懷疑困擾而產生絕望的想法。如果我去朝聖，回來時就會覺得我的身體似乎被打得血肉模糊。我越祈禱、越行善，魔鬼就以越多的壞念頭來折磨我。我全身每一個部位都痛，我睡不著覺，記憶力衰退。有時我想逃離自己的家。我度過了可怕的兩年。沒有人瞭解我。我相信如果有個驅魔師幫助我，這一切都可以避免。

最後，幾乎只能說是巧合，我遇到了一位驅魔師，而我相信這是無玷聖母的安排。在他的支持下，我終能逃離我長期生活的黑暗痛苦的隧道。從他為我祈禱開始，一切都改變了。雖然我仍感到痛苦，但我現在生活在光明中；我的痛苦有了意義。驅魔能使我感到平靜、安寧，持續幾個小時。當屬靈戰鬥再次升起時，我就更加強力地祈禱，完全服從上主的意旨。我更瞭解我的家人，也更愛他們。他們對我的回報是對我有更多的信任。

我的靈性生活也逐漸改善。我更渴望在上主之內生活。即使我背負著十字架，我也視其為與基督一同受苦，而不再感到沉重。我仍然有我的痛苦掙扎，但我也有真正平安及真實快樂的時刻。每次驅魔，我都可以感受到情況更進步了。

最後，我要做些聲明（但並非意在指責）來結束我的故事。我們教區的主教和每一位神父，他們總是聲稱他們要與困苦的人休戚與共。但那些被魔鬼迫害的人呢？他們不也是困苦的人嗎？我在這種困苦中度過了十八年，但我所接觸的每一位神父對我所受的痛苦都一無所知，無法給予我任何幫助。耶穌說：「因我的名，你要驅逐魔鬼！」我認為這是一個責任、傳承，也是非常明確的職務。

找到正確的釋放方式

我的名字是亞歷山卓，我住在羅馬。魔鬼折磨了我的身體五年。我感到全身——尤其是在重要器官的部位——都有如針扎。我感到被咬、被刺，和其他類似的疼痛。我遍求羅馬的每一位驅魔師，並參加了各種神恩聚會，希望能得到解脫。我非常感謝他們每一位，因為每個人都曾幫助過我，但沒有人能醫治我。

一年前，我終於找到了得到完全釋放的正確之途：每天參加彌撒和禁食。根據我的經驗，這是除了辦告解和領聖體之外，最有效的救贖方式。〈馬爾谷福音〉告訴我們，耶穌親自向我們指示了這條道路，他說：「這一類的邪魔，非用祈禱和禁食，是不能趕出去的。」（馬爾谷福音 9:29）我現在為我和我的家人所經歷的痛苦，感謝並讚美上主。

第八章

撒旦的行動

關於魔鬼的教理

「在人睡覺的時候，他的仇人（魔鬼，天主的敵人）來，在麥子中間撒上莠子（雜草的種子），就走了。」（瑪竇福音 13:25）這段經文所描述的情形，每一個世代都可以看到，但是我們今天看到的似乎最令人不安，因為不同於這個比喻所描述的，我們拒絕相信雜草的存在，更不會相信魔鬼這個敵人的存在——我們可以說，僕人已經睡得非常熟了，熟到什麼也沒有發現。

為何現代天主教的神職人員不願處理這些現實問題，我可以舉出至少三個原因，就是：**缺乏陶成**、**缺乏經驗**，以及**廣泛的教義錯誤**。

但從另一方面而言，教會的訓導一直都沒有差錯。在過去的幾十年中，關於撒旦及其作為，教會不斷地重申其不變的聖經神學教義。這些訓導可見於許多地方，包括第二次梵蒂岡大公會議發布的十八項文件、教宗保祿六世的三次講話，以及教宗若望保祿二世的二十二次演說。這些教導條理清晰並具有權威，但是，正如詩人荷馬所說：「我可憐的詩篇，撒在風中。」

首先掀起這一波行動的是教宗保祿六世（即使不算其他影響，至少在非教會官方的新聞界引起了震撼）。這個震撼彈是怎樣投下的？一九七二年六月二十九日，教宗在聖伯多祿和聖保祿的慶日講道中提及了撒旦，並指責這個世界：「撒旦的煙霧已從某些縫隙滲入了天主的殿堂……這種令人不安的狀況也瀰漫在教會內。第二次梵蒂岡大公會議後，我們咸信教會的歷史將會進入陽光普照的階段，但相反地，這段時日變得醜陋、陰暗、烏雲密佈、與狂風暴雨。」

同年十一月十五日，教宗保祿六世再度論及這個議題，發表了關於魔鬼的基本教義的談話。他簡單地列舉了聖經與神學中關於魔鬼的教理後，接著就譴責所有傳播錯誤訊息的神學家。在本章末尾，我列出了教宗演說的全文。教宗問說，今日教會最需要什麼？他說，有一件我們最需要的事，就是要防範他稱之為「魔鬼」的邪惡。教宗以此自問自答，開宗明義地勾勒出他整篇談話的論調。

教宗首先定義魔鬼在天主計劃中所佔的角色，並從整體觀來反省天主創世的計劃：「這是天主的傑作。天主喜愛祂自己創造的這個宏偉壯麗的世界，因為這外在形像反映出祂的智慧和大能……基督徒的宇宙和生命觀就是如此意興風發的積極樂觀。」

下一個觀點是為補充，而不是為對比：「這是全貌嗎？這是否正確呢？我們沒有看到世界上有多少邪惡嗎？在我們內心有一個黑暗、敵對的奸細——魔鬼。」教宗的下一句話對當代的一些神學家是個當頭棒喝：「邪魔不再是虛幻的，而是具體實在的；一個活生生、怪異並墮落的精神體。這是一個恐怖、神祕、而且駭人的事實。誰若拒絕承認其存在，或是試圖將其解釋為只是我們所犯的罪惡的一種概念性、擬人化的幻想，那就偏離了聖經和教會的教導。」

教宗引用聖經，繼續說道：「這就是為何察覺邪魔是很重要的事……我們怎麼能忘記基督把魔鬼當作他的敵手，三次稱他為『這個世界的統治者』呢？聖保祿稱他為『今世的神』（格林多後書 4:4）並且警告我們，基督徒必須對抗的黑暗，不只是一個魔鬼，而是許許多多可怕的邪魔。」

教宗的結論是：「魔鬼是人類的第一次災禍，原罪的根源……這個故事一直延續到今天。領洗時的驅魔儀式、教會禮儀以及聖經，都經常提及**黑暗權勢**的凶惡霸凌，就是要提醒我們這個事實。他是我們的頭號敵人，他是高明的誘惑者。**因此我們知道這個黑暗擾人的生命確實存在**，並且不斷奸詐狡猾地行動。他是造成人類歷史上錯誤和災難的幕後敵人。」這些話是如此地清晰有力，我們應該經常複習，用心研讀，深入探討。

現在我們已經認知了撒旦的存在，以及他黑暗勢力擾人的邪惡本質。在這本書中，我將只描述他的作為，因為驅魔的經驗是我的強項，我比較喜歡更深入地討論如何有效地預防和治療。

驅魔是個特殊的神學領域，是專門針對撒旦行為的研究；因此，我們不能將其敘述得像靈修神學家所寫的論文一樣，而必須包括實際的案例。譬如，洛伊・馬丁（Royo Martin）關於魔鬼作為的教科書，只論及魔誘、著魔和附魔；唐克利（Tanquerey）的舊教科書更簡短。我們必須採取進一步的行動來發展這些概念，因為這是我們所有實際活動——診斷和治療——的基礎。

這就是為何我們將同時從理論和實務兩方面來詳細地探討這個議題。要這樣做，就必會涉及一些我自己創建使用的方法，包括一些詞彙。這些方法尚未被正式認可，但我希望那些官方的負責人會念在我的努力而予以批准，並在必要處加以闡明。

撒旦的「特別作為」

對於撒旦行為，普遍認同的基本分類如下：魔鬼的一般作為就是誘惑，特別的作為則包括各類嚴重程度與性質不一的邪魔騷擾。著名的法國驅魔師通科德神父（De Tonquedec）非常強調這個歷久不衰的真理。

在這裡，我不討論魔鬼的一般作為——誘惑。我們只能說每個人都是他作為的受害者；事實上，耶穌自己也接受了這個試探。魔鬼的誘惑，加上我們本性的原始弱點（聖經稱之為「邪淫」）以及我們所處的世俗環境，是一個我們可以贏得偉大成就的戰場。聖經告訴我們，克服誘惑的人是有福的（雅各伯書 1:12），「能作惡而未作」（德訓篇 31:10）也是有福的。

我們要怎樣抗拒誘惑呢？聖經建議我們：「醒寤祈禱罷！免陷於誘惑。」（瑪竇福音 26:41）每一個基督徒都必須決心在兩條愛的誡命中不斷成長：愛天主，以及愛近人。另一種抗拒誘惑的直接方法，是善用一般常用的獲得天主恩寵的方式。實際上來說，我們要達到的第一個目標「克服誘惑」，與第二個目標「預防和治療由撒旦特別作為所造成的病症」，兩者之間並非毫不相關。

◆ 魔鬼的六種特別作為

我將撒旦的特別作為細分為六類。在這本書中，我都會使用這些既非官方、也未被普遍接受的定義。每個類別之間的界限不是很明確，因為有很多混合及複雜的症狀，還是要以實際的情況而定。

1. **外在的痛苦**：專指肉體所受的痛苦，包括由無法解釋的推擠、掉下來的物體……等等所造成的痛毆、鞭笞、和受傷。我們在許多聖人，例如聖若翰・衛雅司鐸（Cure of Ars）、聖十字保祿（Paul of the Cross）以及聖五傷畢奧神父的生命中，都看到這類事件。這類事件並不如我們想像的那麼罕見，惡魔的作為通常只侷限於外在的行動，內在的活動（如果有的話）只是暫時的，僅在魔鬼侵擾的期間內發生。

2. **魔鬼附身（附魔）**：這是最嚴重的魔鬼作為，它使得邪魔持續地出現在人體內。附魔的症狀未必是持續的，而可能在嚴重的狀況後平息一陣子，然後又復發。附魔意味著心智、意識、情感和意志間隔性地暫停。症狀可能包括受害者會說自己不懂的語言、有超乎常人的力氣，以及能得知神祕的事物或其他人的心思。典型的情況是厭惡並褻瀆所有聖物。但也有假扮魔鬼的騙子，因此，我們必須非常謹慎。

3. **魔鬼迫害**：這會造成各種不同的不適。我們必須記住，每個案例的症狀和嚴重的程度差異可能很大。魔鬼的迫害會嚴重影響到一個人的健康、工作、情感、人際關係……等等。其症狀包括毫無來由的憤怒和完全逃避與人接觸的傾向。魔鬼迫害會影響到個人和團體（甚至非常大的團體）。

4. **魔鬼擾念（著魔）**：這會導致幾乎分裂的人格。雖然我們的意志仍是自由的，但會受到妄念所壓制。受害者可能在理性上知道自己的一些想法是荒謬無稽的，但著魔的本質讓他無法自拔。著魔的人長久生活在精神虛脫的狀態中，會不斷地興起自殺的念頭。我們必須要注意，自殺的誘惑也會出現在附魔和被魔鬼迫害的受害者身上。

5. 魔鬼感染：這種情形的邪魔作為，對象是處所（房屋、辦公室、商店、土地），物件（汽車、枕頭、床墊、玩具娃娃）和動物，因此它只是間接地影響人。我在前一章曾說過，奧利振向我們指出，早期的基督徒在這些情況下，會求助於驅魔。

6. 屈服或依附魔鬼：這個名詞顯示受害者是出於自願——無論是默認或明確地表態——與撒旦締約，讓自己臣服於魔鬼的權勢之下。也有些人不是出於自願地與魔鬼發生關聯，這些案例應劃歸於上述的其他類別，特別是最嚴重的附魔情形。

◆陷入魔鬼作為的原因

在我們繼續下去之前，我想解釋一下為何我們會陷入這些特別的魔鬼作為之中。主要有四個原因，其中兩個是咎由自取的，另外兩個則是無辜的，我們必須先找出問題的根源，才能再談如何預防和得到釋放。

1. 純粹因為天主的許可：很顯然，若非天主允許，沒有任何事情會發生，但天主絕對無意要給人邪惡、痛苦或誘惑。祂給我們自由，也允許邪惡的存在，但祂知道如何將惡變為善。祂允許魔鬼折磨我們，是為了要加強我們的美德，如同聖經中的約伯，以及許多真福和聖人的例子。我們必須牢記，魔鬼侵擾的本身與受害者所受到的天主恩寵的狀態無關。

2. 受到詛咒：這種情況下的受害者也是無辜的，但是下詛咒或僱人下咒的一方是有罪的。我用「詛咒」這個名詞來指「藉著魔鬼來傷害他人」的意圖。以詛咒來傷人的方式有很多種：下蠱（或符咒）、束縛、惡魔的眼光、咒罵……等等。這是個很嚴重的問題，但我們必須慎防誤解。就其性質而言，詛咒本身就會讓人聯想到各種惡行，特別是當我們想到目前日益猖獗的各種欺詐、誘導、狂熱等等。

3. 心硬的嚴重罪惡：依斯加略人猶達斯（加略人猶大）是古典的福音例子。許多放縱自己，耽溺於淫亂、暴力和毒品的人，都屬於此類。墮胎的深重罪惡使這種情況更加惡化；在驅魔時就可以清楚地看到它的可怕反應，因為要釋放一個曾經墮胎的附魔受害者，通常需要很長的時間。由於目前社會上家庭的瓦解和道德的鬆弛，由墮胎的罪惡所產生的負面作用比以往更加普遍。當我們把所有這些因素都加入考量時，我們就可以明白為何現在受到魔鬼病症打擊的人數倍增。

4. 靠近邪惡的地方或人：這包括參加靈媒的聚會、涉獵魔法、求助於魔法、巫術、塔羅牌等等，其他如從事邪教活動、加入撒旦教派、參與以黑彌撒為終極目的之儀式……等等，都會將我們置於險惡的境地。

關於這個類別，我們還可以再加上大眾傳播媒體的影響力，譬如許多電視台播放的色情節目和暴力恐怖電影。我們目睹了無所不在的搖滾樂的影響力，它的極致表現是在我們稱之為「搖滾殿堂」的體育館、公園、夜店和迪斯可舞廳之類的場所演奏的撒旦式搖滾。

我們對於今天這些活動爆發性的增加，應該不會太感驚訝，因為這與信仰生活的下降與迷信的增加有直接關聯。我不厭其煩地重複強調，神職人員沒有對所有這些邪惡之事作出任何反對或至少提出警告，是因為他們對這個議題完全無知，雖然聖經對此已有明確的教導。過去幾十年中，魔鬼侵擾的病症大幅增加，特別是在年輕人的族群中，這第四個類別的原因難辭其咎。

這個簡短的總結，除了概括地論述魔鬼的存在和作為的一般原則外，也提醒我們撒旦可能造成的病痛及其原因，以便幫助我們預防和治療魔鬼所造成的病痛。

相關資料

教宗保祿六世論撒旦

一九七二年六月二十九日，教宗保祿六世發表了一篇措辭強烈、關於魔鬼的談話：「撒旦的煙霧已從某些縫隙滲入了天主的殿堂……」教宗明確地指出，有一股黑暗的勢力企圖扼殺大公會議的成果：他的名字是魔鬼。

國際新聞界幾乎將他的演說當作一個醜聞。現在只要一說到魔鬼，新聞記者就會忙不迭地嚴詞譴責，好像回到中古世紀一樣。由於他們的無知，他們沒有意識到我們回到的是比那更遙遠的時代——福音、聖經的歷史，甚至是亞當和夏娃！幾個月後，在同年的十一月十五日，教宗在廣大的聽眾面前更深入地討論此一議題。他從所有關於這個議題的聖經和教會的教導開始，清楚透徹地闡述。下面是我從錄音帶中抄錄的完整講詞（之前我們所引用的是《羅馬觀察報》所發表的版本）：

我深感自己必須要和你們談論一個不尋常的話題，這是在我的牧靈教導中，合理適切的主體。

這個主題是什麼？我要談的是教會需要什麼。今天我特別關切的一件需求，是非比尋常而且困難達成的：防衛。我常在反覆思考這個問題。防範誰？聖保祿宗徒告訴我們，我們必須要戰鬥。我們知道必須戰鬥，但與誰戰鬥？聖保祿經常提醒我們，我們必須像戰士一樣爭鬥。他說我們的戰鬥並不是對抗可見的血肉之軀，但是，我們仍必須加入戰役。我稱之為「對抗黑暗權勢的戰役」。我們必須對抗天界的邪靈，這些聚集圍繞在我們身邊的邪靈。

換句話說，我們必須對抗魔鬼。雖然現在我們不再認為這些是真實的，但我想要提醒你們應當注意這個恐怖而且無法避免的問題。我們必須對抗這個可怕、無形、張著羅網想擄取我們的敵人，我們必須學會如何保衛自己。

首先：為什麼我們不再談論這些事了？我們不談論這些事，因為這些事我們沒有親眼看見過。我們認為我們看不到的，就不存在。然而，我們打擊邪惡。但是，什麼是邪惡？我們所謂的邪惡是指「缺陷」，也就是缺乏某些東西。人生病，是因為沒有健康的身體。人貧窮，是因為沒有錢。以此類推。但是當我們論及魔鬼時，則是不同的狀況。這就是為何這是一個可怕的現實。

我們不是在處理缺陷，一種缺乏某些東西所造成的罪惡。我們必須意識到，我們面對的是一種本身就是邪惡的能量，一個實質存在的邪惡，一個有位格的邪惡；我們不能把這個邪惡歸類為善的敗壞。我們說的是一個確實存在的邪惡，如果我們沒有感到驚恐，我們應該要。

如果有人拒絕承認確實存在著這個可怕的實體，就是悖離了聖經和教會所教導的事實。我們必須意識到，我們正在敵對的是一個神祕而可怕的實體。如果有人說「我不去想這些事」或是「你的想法不符合福音」，我們必須反問：為什麼？

福音中多次提到魔鬼——我甚至要說福音中的魔鬼簡直是人口稠密。如果我要想像一個福音的場景、心理狀態、氛圍、或環境，我至少要感覺到這種我無法辨認的神祕存在。我所說的不是我的幻覺，我也不鼓勵你們迷信。我只是要告訴你們這個實質的存在。容我再次強調，福音中有很多、很多的篇幅向我們講述這些。這是為什麼察覺邪惡是一件很重要的事。我們必須要以基督徒的正確觀念來看世界、生命與救恩。

基督曾多少次警惕我們要正視撒旦存在的重要性？在他公開生活之始，福音的歷史正在開展之際，主耶穌就宣告了他在從事的戰鬥。記得他著名的三次接受魔鬼誘惑的試探；這是福音中最奧秘的敘述，有很重要的分量。俄國著名的小說家杜斯妥也夫斯基也如此認為。在他的一部精心傑作中，他幾乎是以基督三受魔誘為基礎，給我們上了一堂教理課。

基督遭受飢餓的意義是什麼？這是與現代各種形式的唯物主義的抗衡。然後我們看到基督與精神誘惑的對抗。「你若是天主子，從這裡跳下去罷！因為經上記載：『他為你吩咐了自己的天使保護你。』」（路加福音 4:9-10）——這是靈性的傲慢。最後，我們聽到魔鬼狂妄自豪地說：「這一切權勢及其榮華，我都要給你……你若是朝拜我。」（路加福音 4:6）。

然而，耶穌拒絕了這些誘惑：「退到我後面去！撒旦！」這些誘惑結束後，有天使來給他食物並幫助他。這段文字的意義實是深不可測而令人訝異。我們怎會看不出基督三次定義了魔鬼為何？他稱他為「他的敵對者」、「這個世界的首領」，又稱他是「世界的統治者」。

誰是這個世界統治者？福音告訴我們「惡魔是世界的首領」，我們都受到黑暗的誘惑，它能使我們沮喪、迷惑、生病、不安、卑劣……等等。如果我們把福音繼續念下去，就會發現魔鬼散佈四處，而耶穌治癒了一個又一個。

聖保祿回應福音，在他致格林多人（哥林多人）的第二封信中，稱撒旦為「今世的神」。誰會想到以屬於至高者天主的名號來稱呼撒旦呢？然而，我們從宗徒的口中聽到以「世界之神」的稱謂來指撒旦。我前面提過，聖保祿接著警告說：我們必須對抗魔鬼，雖然我們不知道他們在哪裡、他們是怎樣的……等等。他教導我們以正確的方法保護自己，免受此類敵人的威脅。我不再舉其他的例子，因為我的時間不夠了，但是你們可以很容易地在其他基督徒的著作中找到它們。

為什麼每一個禮儀中都會提到魔鬼？以領洗聖事為例。我不知道為什麼我們減縮了驅魔禮的部分，我不覺得這是非常實際或恰當的做法。[1]不過，至少還是有驅魔禮的部分。

洗禮是上主恩寵的第一個行動。藉著這個聖事，祂將人類的致命敵人撒旦隔絕在遠方。為什麼？因為，從人類歷史的開端，自從亞當墮落以來，魔鬼就佔據了舞台的中心。那時候魔鬼對人有某種程度的統治權勢，唯有基督的救贖行動才能釋放我們。這個效果延續到今天，因為我們的原罪不是經由犯罪或災難而傳承，只是經由生育而繼承。

1 我想在此提醒大家注意，教宗公開明確地表達他的失望，這也是所有驅魔師都認同的。

我們一出生就意味著落入魔鬼的懷抱，而不是天主的懷抱。聖洗將我們從奴僕的身分贖回，使我們得到自由，成為天主的的兒女。因此，「魔鬼」是我們的首要敵人。他的伎倆是什麼？誘惑的伎倆，就是利用我們的自我來反對自己。他的本質就是敵人、誘惑者。

因此，我們知道這個黑暗擾人的靈體確實存在，並且仍像狡猾的掠食野獸般活躍。他是一個隱匿的敵人，在人類歷史上撒下了錯誤、不幸、頹廢以及退化的種子。我們必須記住——這也是福音的真實寫照——在麥子中撒上野草種子的比喻所給我們的啟示。麥子長大抽穗的時候，耕種田地的僕人驚訝地問道：「這些雜草從哪裡來的？」象徵天主的園主答說：「這是仇人做的。」

遍布世界各地的魔鬼有他們各自的性格與他們所行的事蹟。天主容忍這些事情的發生，幾近於為這種情況辯護：「不要拔這些雜草，免得你們連麥子也拔了出來……在收割時，我要對收割的人說：你們先收集雜草，把雜草捆起來，好燃燒。」那一天將會來到，在末日時，兩者將被區分出來，接受終極的審判。

耶穌也稱魔鬼是「從起初就是殺人的兇手」，是「撒謊者的父親」。魔鬼老謀深算，善於蠱惑人類的道德立場。他邪惡、狡猾、具有魅力，知道如何滲透每個人的心理。他尋找敞開的大門而進入：經由我們的感受、我們的想像，以及我們的慾望——現在我們稱之為病媒。再者，經由烏托邦的推理、混雜的社交、損友以及世俗敗壞的思想，他潛入我們的行動，從而導致更致命的偏差，因為它們似乎符合我們個人身心以及本能的結構——這是為何這些誘惑讓人如此沉迷。這些架構對我們的個性有深刻的影響。他利用我們自己的衣著、我們的妝扮，微妙地影響著我們的心理狀態。

我們應當重溫天主教教義，重新體認魔鬼及他對個人、團體、整個社會和事件的影響。但是今天我們很少想到這些。有些人認為，心理學和精神病學的研究可以定義魔鬼的奧秘。在其他偉大的國家，譬如美國，有些人則想藉著靈媒來尋求答案。我們害怕——雖然有時是愚昧的——會陷入摩尼教（Manichean）的古老理論，也就是基於雙重原則的二元論：不是天主，就是魔鬼。有些人陷入荒誕迷信的可怕歧途。沒錯，很容易就會變成這樣。

現在大家都希望讓自己顯得堅強、大膽。我們擺出積極、堅定的態勢，但把我們的信仰放在各種無聊怪誕和流行的奇想與迷信，諸如：當心十三這個數字，小心這個或當心那個！我們相信幻想出來的事物，而對其過分地畢恭畢敬，遵行不誤，幾至荒謬的程度。另一方面，當上主說「當心，問題不只如此！」的時候，我們卻拒絕相信。為什麼？

當我們論及魔鬼時，教義就變得不確定了。但是當我們講到我們自己所受的魔鬼誘惑時，就比較確定一點。多重存在的概念激起了我們的好奇：有不止一個魔鬼。讓我們以福音中描述的革辣撒的魔鬼為例。「你名叫什麼？」「我名叫『軍旅』。」這就是一支軍隊。一群魔鬼附身在那位被基督釋放的不幸的可憐人。後來魔鬼進入一大群豬的體內，豬群衝進了附近的革乃撒勒湖，造成了可憐的養豬人的驚愕。

我現在回答兩個問題。第一：「魔鬼出現有什麼跡象嗎？如果有，是什麼樣的跡象？」第二：「我們有什麼方法可以保護自己免於這種隱伏的危險？」雖然答案可能非常冗長，但我會盡量簡短。

第一個問題需要非常謹慎的回答。魔鬼出現的跡象是什麼？魔鬼出現的記號對某些人、甚至對早期教會的一些教父而言，似乎是顯而易見的。例如，特士良說：「這是魔鬼，一看就知！」他得天獨厚，有雙銳利的眼睛！我們可以推想，任何徹底否認天主的地方，就有魔鬼的邪惡活動。雖然我們的自然傾向是朝向天主，但在任何魔鬼活躍之處，我們都會發現對天主的徹底否認，你可能認為它是輕描淡寫、難以理解或強詞詭辯，但無論如何它是否認的。譬如，你聽說過「上帝之死」嗎？有誰會想出這種東西？

其次，在所有與真理背道而馳、虛偽和強力的謊言中，我們都會看到撒旦的介入。我們可以在所有愛情消逝不存的地方，所有冷漠殘酷自私的地方，以及惡意汙蔑、反叛仇恨耶穌的地方，認出撒旦的挑撥。聖保祿告訴我們：無論誰否認耶穌基督，就應受詛咒。這個詛咒歸於隱藏在否認基督背後的魔鬼。福音精神被混淆和否認的地方，也是魔鬼活躍之處，在人心絕望的地方，也是魔鬼得勝之處。

雖然準確地診斷魔鬼的出現太複雜也太困難了，我們也並不假設能夠有絕對明確的診斷，但這個議題激起了一些人高昂的興趣。現代文學有許多論及魔鬼的名著，但我要提醒你們：這個議題不是只侷限於做夢、幻想或休閒讀物。文學領域中有一個專注於魔鬼題材的流派；其中有些偉大的作家以這個主題寫了偉大的小說：有些人試圖誇大魔鬼，另一些人則想要發掘最微妙和深入的診斷。

我們這個時代的一流作家貝爾納諾斯（Bernanos）也是其中之一。他以這個主題寫出許多智慧之言，因而贏得諸多尊榮。你們可能聽說過他寫的書《在撒旦的太陽下》（*Sous le soleil de Satan*）。也有許多其他書籍討論靈魂中的魔鬼現象，魔鬼摧毀、支解靈魂的能力……等等。這些作者們試圖找出構成人類心理的部分：魔鬼與邪靈的印記。福音傳揚者若望寫道：我們知道我們屬於天主，「而全世界卻屈服於惡者」——魔鬼。

第二個問題是：「我們要如何防禦？」

「醒寤祈禱罷！不要陷於誘惑。」有什麼工具能幫助我對抗我自己靈魂與人格中的魔鬼惡行？這個答案說起來很容易，但要實行很困難。我要說：一切捍衛我們免於罪惡的，也同時保護我們免於遭受這個無形敵人的侵擾。

天主的恩寵是我們的最佳防禦。這個世代領受聖事（特別是辦告解聖事）的人減少了，這為我們帶來了嚴重的危險，因為我們不再有足夠的恩典來抵禦包圍我們的入侵者。沒有罪過是堅固的堡壘：一個小孩子對抗魔鬼的力量比我們更強大，因為他純潔無辜。記住，宗徒列舉了可以使基督徒立於不敗之地的德行，並將這些德行喻為戰士的武器。

聖保祿宗徒在寫給厄弗所的書信中所列舉的德行，就像一張羅馬武器庫的清單：救恩的盔、正義的甲、聖神的劍……等等（厄弗所書 6:13-17），並教導我們有效的防禦，必須要多方面的準備。作為一名戰士，基督徒必須要保持警醒和堅強；

如果他想要征服某些形式的魔鬼侵擊，他必須要有特別的靈性操練。

當宗徒們無法驅逐魔鬼時，耶穌親自教導他們這個道理：「這一類，非用祈禱和禁食，是不能趕出去的。」（馬爾谷福音 9:29）因此，當我們必須要克服某些形式的魔鬼侵擾時，就必須使用這些方法。宗徒為我們指出了一條主要的防線：「你不可為惡所勝，反應以善勝惡。」（羅馬書 12:21）

我知道今日我們的教會、我們的靈魂、我們的世界所面臨的惡劣環境。我提醒你們，每天當以〈天主經〉祈禱，誠懇熱切地呼求：「我們的天父……救我們免於凶惡！」這是我在為你們做教宗祝福時的特別祈禱意向。

◆某些音樂的邪惡影響

許多天主教會的論述都警告我們，要提防撒旦搖滾樂腐蝕人心的影響，特別是彼得洛．蒙特里奧（Pietro Mantero）的〈撒旦與其他〉（Satana e lo）和克羅多．鮑杜熹（Corrado Balducci）的〈撒旦〉（Satana）。一九八二年五、六月號的《光與和平雜誌》（*Lumière et Paix*）中有提到相關的內容，我在這裡大略說明一下。

在美國，有一個由巫師和威卡教（WICCA）的邪教信徒所組成的團體，並已擴展成為國際性的組織。這個組織號稱擁有許多成員，據說他們旗下擁有三家唱片公司，製作的每一張唱片都旨在促成青少年內在心理的腐蝕和混亂。他們行撒旦教的儀式，並將自己獻身給撒旦。

他們的每一張唱片都仔細地描述撒旦門徒必須要有的內心狀態，並邀請每一個人來朝拜他的光輝、榮耀、讚美……因為他們已被撒旦邪教所祝聖，他們也在許多歌曲中——即使不是所有的音樂中——散佈撒旦信仰。這些組織製作的音樂只有一個目的：要導引青少年接受撒旦信仰，即進入撒旦的邪教。

祭獻給撒旦的唱片具有下列四個要素：

- **節拍**：首要的因素是韻律，這裡稱為節拍，是模仿性愛的行為。聽眾猛然地陷入了一個故意要讓人變得歇斯底里的瘋狂氛圍。這是利用音樂節拍來刺激性的本能，所造成的結果。
- **音量強度**：音量故意設定在超過我們神經系統能夠容忍的上限以上至少七個分貝。長時間暴露在這樣強烈的噪音下，會使人變得抑鬱、反叛、具有侵略性。當這種情況發生時，我們沒有意識到其嚴重性，而只是告訴自己：「畢竟，我沒有做錯什麼。我只是聽了整晚的音樂。」很多被蒙在鼓裡的教育學家和父母，對於這些唱片都抱著同樣的錯覺。事實正好相反！這是一個經過精心設定和算計的策略，而我們就是策略的犧牲品。這個策略是要越過我們神經系統以達成一個確切的目標：使觀眾陷入心智混亂而迷惑的狀態。到了這個程度時，幾近瘋狂的聽眾隨著他們聽了整夜的節拍舞動，不知自己已陷入可能被誘惑成為撒旦教徒的險境，作曲者也就達成其終極目標了。

● **潛意識的訊號**：這是第三個要素。以如此高頻率傳播的潛意識訊號是我們無法聽到的聲音。這種訊號的目的是要使人精神混亂；在每秒三千千赫的頻率下，它會影響我們的潛意識，但我們的耳朵卻無法捕捉它，因為它是超音波的。在我們不知情的狀況下，大腦因為受到刺激而產生一種天然的滋生物，使我們神智不清。我們會突然有一種怪異的感覺，這種怪異感覺促使我們尋求真正的藥物或毒品，並造成對藥物或毒物的依賴性，使上癮者用量增加。

● **在黑彌撒中祭獻每一張唱片**：這是第四個要素。每張唱片在發行上市之前，都經由一個真正的黑彌撒儀式獻祭給撒旦。

如果你曾經下過功夫分析這些歌詞的話（有些可能是隱藏的，只有當你把這歌曲倒過來聽才能察覺），你會注意到，主題總是千篇一律：反叛父母、反抗社會、反對一切現有的制度，釋放所有性的本能，以及鼓吹建立一個無政府主義國家，成就撒旦普世王國的最終勝利。有一些歌則是專門獻給撒旦的讚美詩。

在我們說了這麼多之後，誰還敢否認魔鬼勢力的危險呢？在通往反叛和仇恨的道路上，他有許多可靠的夥伴。就如同在〈默示錄〉中我們所讀到的：「那條龍便對那女人大發忿怒，遂去與她其餘的後裔，即那些遵行天主的誡命，且為耶穌作證的人交戰。」（默示錄 12:17）

驅魔問與答

由於我的前一本書《驅魔師：梵蒂岡首席驅魔師的真實自述》的暢銷，引起來媒體對我的關注（但完全不是因為我本身有什麼了不起），除了不計其數的小型會議之外，我還接受過一百多次電視、電台、各大報的採訪。

每次採訪末了，總是會有討論時間。例如，我在瑪利亞電台的節目中，接受訪問一小時後，我會花兩個小時來回答聽眾的電話提問。此後，我開始了一系列的每月專訪，每次一個半小時。我還定期為《默主哥耶的迴響》（*Eco di Medjugorje*）月刊寫稿，回答許多問題。我現在將列出一些常見的問題。

驅魔師與巫士的問題

問：驅魔師的能力有強弱之分嗎，或是他們的能力都一樣的？

答：驅魔師是有差別的。他們驅魔的效力視各人的靈修因素而異，例如：祈禱生活的密度、與天主合一的程度、獻祭的行為……等等，我幾乎要說就是看他們聖德的程度了。至於其他的差異，是因為各人的能力不同，比如經驗、智慧、所受的訓練，以及直覺。要評估所有這些因素並不容易，我們不應該拿它們來比較，因為天主才是唯一的審判者。

曾有一位法國的主教問他的驅魔師這個同樣的問題，被問到的這位神父回答得很好，因為他只是列舉出他在長期事工中，年復一年所學得的一切。這位驅魔師的回答說：「我只能拿自己和自己比較，而我體認到學無止境。但是我也瞭解經驗能帶來的益處。」

我們不可忘記還有其他許多因素會影響驅魔的效力，例如：受害者及其親屬的信德和對祈禱的認真程度、對教會代禱力量的信心，以及對於驅魔師只是天主工具的認知，因為驅魔師是由主教所任命。某些驅魔師對某些特定型態的魔鬼作為，比其他驅魔師更有效力。終究，總是天主按祂自己的意願來決定哪一位驅魔師會承受到祂的恩典，因為所有的感謝都必須獨歸於祂。

問：我們應該如何看待許多雖然不是驅魔師，但也為我們祝福的人，譬如神父、修女、一般信徒？

答：所有以信德、謙卑及愛心（所以不期盼任何物質報酬）所做的簡單祈禱，都是有效的。我們應互相代禱，這樣的建議一定是來自天主。每一位信友都可以祝福，因為他們在領洗時就領受了普通祭司職的權柄。神父的祝福更加上了公務司祭職的力量。因此，神父的祝福是一件很好的事情，希望有更多的神父會這麼做！然而，很顯然地，這些都屬於私人祈禱，與驅魔的聖儀無關。

另外我們要注意的是結果。我知道有很多人，他們的祈禱和祝福會有很多成果。我也知道有許多獲得「聖人」名聲的人，他們只不過是騙子或偽君子，甚或更糟的，其實是個巫士。我們不能期望教會對每一個案件都表達她的立場，因為太多了，而且它們不值得官方的認可。我們要用常識來判斷。當教友遇到這方面的問題時，堂區神父應該也能夠提供他們的意見。

問：巫士與驅魔師有什麼不同？

答：一個真正的巫士不只是一個魔法師，而是在撒旦的權勢下行事。驅魔師則是仰仗耶穌之名以及教會轉求的力量行事。

問：我們因為找不到好的驅魔師而轉求於巫士，這是罪嗎？巫士真的能治癒我們嗎？

答：不幸的是，找到驅魔師真的很難。然而，也有很多人在沒有必要的時候也找驅魔師，其實他們只需要一般獲得恩寵的方法就足夠了。無論原因為何，求諸於巫士是觸犯第一條誡命的迷信之罪，這是聖經中特別譴責的罪。如果巫士真的能治癒呢？經驗告訴我，這種治癒幾乎總是暫時性的，隨之而來的則是更大的麻煩。所有被巫士治癒的受害者，都會經由巫士而與魔鬼產生關聯，因而受到禍害，因為巫士是受制於撒旦的人。所有這種性質的關聯都會帶來嚴重的後果，而且這種關聯很難打斷。

問：去求問塔羅牌占卜是一種罪嗎？

答：這種迷信的罪，其輕重視情況而定。譬如，如果有人純粹出於好奇心而去求問塔羅牌的占卜者，想要看看他會得到什麼結果，他犯的是一個小罪。然而，更重要的是，他會有養成習慣而加重罪惡的危險。

我通常將塔羅牌的占卜者分為三類。第一類是騙子，他們只想從無知的受害者身上詐取金錢。第二類是具有某種超自然能力的人，並用此來占卜，他們會用棍子去找水源。在這種情況下，只要他們知道自己的侷限（例如，沒有人能預知未來）並安於在此侷限內，他們就沒有罪責也不會造成傷害。最後第三類，有些塔羅牌的占卜者在卜卦中添加了某種形式的法術。在這種情況下，我只能重複之前我已說過的關於邪術的話。

問：可以為一個不知情的人「遠距離」驅魔嗎？

答：是的，這是可能的。我已經說過，我曾經成功地在電話上驅魔。我也會為向我求助的受害者驅魔（也就是為他祈禱），即使他不知道我在這樣做，尤其是在晚上的時候。然而，我們不能違背一個人的意願而為他驅魔：上主願意給人恩寵，但祂絕不強加於人。例如，當我知道某人附魔，但他不去教堂、不祈禱、不相信天主，並且絕不會同意神父為他祝福時，我所能做的就只是為他祈禱。

問：驅魔師遇到的主要障礙是什麼？

答：即使有專業的醫生協助，要做出準確的診斷仍有很多困難。當我們面對魔鬼所引起的混亂狀況，如果受害者不合作，就是一個障礙。需要的是真誠的悔改、善度恩寵的生活、更多的祈禱，以及常領受聖事。人有惰性，而且往往是被動的。他們對我說：「神父，請把我從魔鬼的權勢下解救出來。」我會說：「不，你需要釋放自己。我只能幫助你，告訴你方法。」

我們所遇到的其他障礙是受害者對天主恩寵的阻絕，例如：無法以真誠的心去寬恕，或改變罪惡的生活；當需要切斷某種關係時，無法斷絕與魔鬼的牽連；罪惡的情誼關係；根深蒂固的惡習。驅魔師的基本任務是將人靈帶到基督面前，他才是施予救贖的人。所有妨礙人與天主合一的事物，就是驅魔師工作的障礙。

問：驅魔師可能出錯嗎？我帶我父親去見一位驅魔師，他沒發現任何值得懷疑之處，但我父親的行為顯示有魔鬼臨在，而且有一位「敏感」的人說我父親是邪術的受害者。

答：驅魔師可能會出錯的。以你的情況而言，我建議你再找另一位驅魔師諮詢。但是，我們不要忘記，有些人是歇斯底里的。也就是說，他們會從一位驅魔師換到另一位驅魔師，直到找到一位會告訴他們想要聽到的話的人。這種情況需要的是一位好醫生，或者，如果當事人肯合作，只需要一段從某個恐懼症釋放的祈禱。

教義相關的問題

問：為何天主容許一個無辜的嬰兒出生時就患有邪魔造成的疾病，甚至附魔？

答：這是一個必須從痛苦與邪惡這個更廣的視野來理解的情況。當我們將目光集中在十字架上的基督和其後的復活時，就能體會一些苦難的意義。如果我們只著眼於塵世的生命，就無法對某些痛苦發生的原因做出合理的解釋，但是當我們從永生的角度來看這些事件時，就能體會到它的意義。為了要更深入地理解，讓我們拿出生就受到魔鬼侵擾的孩子與天生殘疾（譬如患有唐氏症的孩子）來做一個比擬。為什麼一位只願意見到善的天主，容許這些事發生呢？且讓我們相信祂的智慧，並接受這個事實，就像在所有情況下一樣，祂要的是善，並且知道如何惡的事物中引發出善。

問：一切都是來自天主，善與惡一直都存在。我們必須接受這個現實，因為與其對抗是徒勞無功的嗎？

答：一切都是天主允許的——「沒有一片落葉未經天主的允許」——但並非所有事情都是天主的意願。若說善與惡永遠存在，這是不正確的。有些哲學和宗教基於這個錯誤概念而認為善與惡是兩個永恆並且相等的力量。若這個概念是正確的，善與惡這兩者就會相互抵消。但丁會說：「我不容許這個矛盾的存在。」唯有天主是始終存在的。祂是萬物的唯一起源，而且祂只創造善的。聖經向我們啟示的這位天主，祂因祂所創造的萬物都是美善的，並以生命和喜樂為目標，而感到欣慰。

天主想要創造一個偉大非凡的生命，就賦與他們智慧和自由意志，就在此時，惡進入了世界。自由意志（無論是天使的或是人的）都是不可取代的偉大特質。惡應運而生，因為先是天使，然後是人濫用了天主的恩賜。因此，惡並不是從起初就存在的。它起源於一些天使反叛天主，以及亞當和夏娃不聽從他們的造物主。即便如此，天主從沒遺棄祂的受造物，也沒奪去他們傷害別人的力量。雖然祂容忍惡，祂依然顯示出祂聖潔的慈悲和上智，因為祂能夠從惡中引發出善。因此，即使世上的疾病、苦難、迫害、背信和一切罪惡都不是源於天主，祂仍可以用這些惡來助我們成聖，因此，這些惡也是為了我們本身的益處。

問：我想要知道自由意志與誘惑，以及自由意志與附魔之間有什麼關聯。

答：每個人都受制於撒旦的一般作為——誘惑。然而，所幸我們有自由意志，我們可以克服這個試煉。聖經向我們保證，天主不會讓我們受到超過我們力量的試探。我們能夠，而且必須，以「堅固的信德」抵抗撒旦（伯多祿前書 5:9）。如果我們對抗魔鬼，他就必「逃避我們」（雅各伯書 4:7）。我們只要用主耶穌慷慨賜予我們的恩典，按照他的訓誡，就可做到「醒寤祈禱，免陷於誘惑」（瑪竇福音 26:41）。

自由意志與附魔鬼之間的關係更為複雜。有些附魔的情形是咎由自取，因為我們濫用自由，結果要為自己的過錯付出代價，而被魔鬼操控。如果是無辜的被附魔——因為這是天主允許的，或是由於邪術造成的——他所受的苦不是出於自己的意願，而是接受他的試煉，如同面對人生的所有其他逆境，譬如疾病。不論起源是什麼，附魔都不會使我們失去自由，除了在緊急的危險時刻，那時我們無法對我們的言語及行為負責。然而，自由意志仍然存在。我們仍可自由地選擇行善或作惡，聖化我們自己或自尋死路。

問：為何耶穌不將猶達斯（猶大）從撒旦的權勢下釋放出來？

答：天主永遠尊重我們的自由，即使我們將它用於不良的目的。我們知道祂希望我們每個人都得救，耶穌也因此為我們而死，而且沒有人命中註定要入地獄。我們知道，當我們犯罪的時候，天主要我們悔改進入生命，而不是要我們死亡。然而，天主只是將祂的恩典擺在我們眼前，但不強加於我們：我們可以自由地拒絕接受。我相信猶達斯有特殊的恩寵：他不但認識耶穌，而且與他生活在一起，但我也相信他有辦法克服他那可怕的偷竊傾向。誰知道主耶穌曾多少次試圖改變他！他會落得這樣的下場，只是因為他一直心硬地抗拒恩寵。我們當牢記，猶達斯與我們每一個人無異。

問：我們被家中每夜都會聽到的怪聲攪得心神不寧，後來我們發現前一個住戶在這裡上吊自殺。我們依照一位來自「在聖神內更新」團體的朋友的建議，為他的靈魂奉獻了許多台彌撒，之後聲音停止了。我還可以告訴你一些可以歸因於這位亡者的其他現象。我們應該相信什麼？

答：這是一個非常廣泛的範疇，要回答這類問題，我們應當要比過往更仔細地探索這個領域，著重在聖經神學的觀點：這位亡者——以及魔鬼——過著什麼樣的生活，直到最後審判之時？他們做過什麼活動？我已經討論過一部分這些問題，但我很樂意再談論一下。

教會通常的教導涵蓋了其中一些主題。讓我們先來思考一下天使的靈性。我們知道天使和魔鬼對我們都有影響，這些影響可以是美好的，也可以是邪惡的，端視我們說的是天使還是魔鬼。伯多祿和雅各伯都認為魔鬼被拘禁在地獄，等候最後的審判。保祿告訴我們，義人將會和基督一起審判天使。天使和魔鬼都作出了不可逆轉的決定性選擇，一方選擇隨同天主，另一方選擇與天主為敵。雖然魔鬼被拘禁，但無法阻止他們的活動，無論是一般的或是特別的魔鬼作為。如同我們所見到的，魔鬼的作為將會持續，直到世界的終結。

當我們論及人的靈魂時，我們知道人在塵世的試煉將隨死亡而告終。當他們在等待最後審判時，他們怎會與生者有所關聯呢？「諸聖相通」的教義告訴我們聖者靈魂的作為，他們可以接受我們的請求，而為我們轉求。同一個教義也告訴我們煉獄中靈魂的作為，他們可以接受我們的代禱，也為我們轉禱。但是到目前為止，沒有論及受到罪罰的靈魂的作為。

世俗對這些議題非常感興趣。[1]不幸的是，神學家們對此卻興致不高，特別是在過去幾十年中，他們完全忽略了死後的議題。由於神學家的論調總是會影響到牧靈的行動，我們的神職人員對此議題也同樣缺乏關注。舉例而言，荷蘭主教團在第二次梵蒂岡大公會議後所推出的的新編成人教理，在講道和教理方面，就鮮少論及這些議題。這本教理在第一次出版時就飽受批評，但不幸的是，所有在第二次梵蒂岡大公會之後出版的教理書籍仍都不脫此窠臼。

無可否認的，在這種大環境下，當驅魔師遇到超出自己所受過的神學陶成教育範圍的問題時，必會無所適從。這就是為什麼驅魔師在鑽研某些現象（譬如鬼魂的可能性時）顯得畏縮和猶豫。除非我們裝聾作啞，否則不可能不知道今日的世界仰望神父們解答在新的情境下所出現的新問題或爭議。不幸的是，他們發現我們這些身為神父的人對於某些議題缺乏確切的認知；在其他議題上，即使是與我們特有的事工有直接關聯的事項，我們就算不是完全不感興趣，至少也可說是置身事外。因為沒有更確切的指導方針，我只能贊同來電者在這個特殊情況下所採取的行動。

其他問題和特別的症狀

問：受到撒旦病痛傷害的人，男人佔多數還是女人，年輕人比較多或是老年人？

答：每一位驅魔師都為比較多的女性驅魔。我相信部分原因是由於女人比男人更能放下身段請神父為自己驅魔。然而，僅是這個因素，加上以統計數字而言女性多於男性這個因素，都不足以解釋為何接受驅魔的男、女人數差別如此之大。我相信女人更

1 在雷蒙・穆迪（Raymond A. Moody）的《死後世界》（*Life after Life*）出版前，市面上就已經有此類書籍，但是此書成名之後，有更多類似的書籍出版。

容易受到魔鬼的侵害，因為魔鬼相信他也可以利用女人為餌，誘騙男人，有如延續他對第一個夏娃的侵害。話說回來，雖然我不能完全確定原因，但我很確定答案：遭到魔鬼侵擾的女性多於男性。

我對第二個疑問也非常確定：受到魔鬼侵害的年輕人遠多於老年人。只要再讀一遍我寫的關於撒旦侵擾的原因，我們就會理解為什麼：在那裡，我們很容易看到年輕人是如何成為更容易受到撒旦侵害的目標。

問：附魔會傳染嗎？如果我們幫助一個受魔鬼侵擾的人，我們是否也可能成為某種撒旦報復的受害者呢？

答：邪魔的作為不會傳染，但有可能整個家庭或一個大團體都成為受害者。但有時候，當家庭中的一個人受到侵擾，其他成員（例如配偶或子女）卻都沒有受到影響。關係越遠的，越不可能受到波及。

幫助這些受害者是非常有意義的，正如幫助任何有困難的人都是非常值得讚美的。我們可以藉著常常祈禱、領受聖事和我們的日常行動來幫助他們。那些協助驅魔師工作的人，可能需要緊緊地按住不停扭動的附魔者，或者幫他把嘴上的泡沫擦乾淨……等等。我從來沒有看到我的助手因為做這些事而有什麼不良的後果。我再強調一次，特別是對那些擔心為人驅魔會受到撒旦報復的神父們說，魔鬼已經在主所允許的界限內，盡其所能地傷害我們了。

抱著「我們井水不犯河水，我不招惹他，他就不會侵犯我」的念頭，只是癡心妄想。同樣愚昧的想法是，認為最強力與他對抗的人，會受到他最猛烈的攻擊。讓我們來看看聖人的例證。一般來說，我們看到的是，魔鬼最害怕那些與他強力鬥爭的人。一般正常狀況都是這樣，肉體遭受到魔鬼傷害的情形只是例外，通常不會發生在驅魔師身上，而只有聖人，例如聖若翰．衛雅司鐸這樣的聖人才會遭遇。

問：我的生命滿佈著一次次疾病所留下的傷痕，我已經有六十五次被送到心臟科急診的紀錄了，我的家人也是災禍接連不斷……

答：不幸的是，在我接受過的電台訪問直播中，這樣艱辛的人生經歷並不罕見。每位驅魔師都知道許多極其痛苦的案例，這些人的生命似乎充滿了各種不幸，沒有任何一件事不出差錯：健康、友誼或工作；他們的生命飽受各種打擊，譬如極端怪異的車禍、親友突然死亡……等等。如果我們做一次初步的驅魔，將不會發現任何異樣的事物，我們也沒有理由懷疑這是魔鬼的侵擾。就好像魔鬼是以無形的手段迫害這個家庭，也沒有任何一位家庭成員附魔。

在這類情況下，任何神父都可以扮演一個非常重要的角色：那就是給予值得信賴和虔誠祈禱的支持。也許無法使災難不再，但總可以不要陷入絕望，並認識痛苦的價值。無論造成這接連不斷不幸事件的成因是魔鬼作祟，或是無法解釋的特殊情況，並不重要。重要的是給予安慰與支持。毫無疑問地，苦難是對我們信仰最大的考驗；它可以使我們失去信仰，也可以使我們信仰更堅定。這就是為何每一件只能在信仰光照下才能找到其意義的事情，都是基督徒——無論是神父或是其他熱心助人的信徒——的慈善工作的領域。

問：我注意到經常有些人雖然沒有任何心理或生理疾病的症狀，但被其他毛病困擾，譬如體溫過低、經常性的疲憊、嗜睡等等，因而變得消沉、怠惰。驅魔師也注意到這種情況嗎？

答：在瑪利亞電台的現場節目中，有一位心理學家，他可說是每一位驅魔師的寶貴資產，我也被他問過同樣的問題。答案是：「是的。」我們也注意到這些癥候，而且出現的越來越頻繁，特別是在年輕的族群中。在這些癥候之外，我再加上：失去信仰，有把自己封閉在家中的傾向，或是完全無法就學或從事任何形式的工作，就好像大腦被凍結了一樣。

最後，他們會演變成對各種食物都完全厭惡，一種自卑的感覺導致他們將自己與所有人事物都隔絕，最後到達把自己完全封閉的程度，絕望的感覺也越來越嚴重。舉一個案例來說，我曾在羅馬的傑梅里醫院（Gemelli Hospital）成功地為一位有厭食症的女孩驅魔。我必須再說一遍，在類似這種的情況下，驅魔師必須和心理治療的專業人員（包括心理學、精神病、精神分析等專業），特別是精神科醫師，密切合作。

讓我們來談談撒旦

問：撒旦的臉長得什麼樣？我們應當要如何想像他？他頭上長角、身後有尾的形象是如何起源的？他真的有硫磺的臭味嗎？

答：撒旦純粹是精神體。我們給了他一個具體的形象，以便在我們腦海中勾畫出他的模樣。當他向我們顯現時，他會採取一個實體的形式。然而，無論我們心中所想像的他是多麼醜陋，他還是比那醜陋千萬倍。我講的不是他外形的醜陋，而是指他背叛並遠離了至善至美的天主。我們用角、尾巴、蝙蝠般的翅膀來代表撒旦，我想可能是要顯示一個原本被創造為非常美善的精神體，卻墮落了。因此，我們有意把他描繪成墮落到有如禽獸（角、爪、尾巴、蝙蝠翅膀）的模樣。

當然，這只是我們的想像。當魔鬼想要讓我們看到他時，會選擇一個實質可見的形體。他可能會顯現為一個可怕的動物或是恐怖的人，但他也可以偽裝成一個優雅的紳士。他會按他想要達成的效果來變換他的外貌——可怕或是吸引人的外形。

至於氣味（硫磺、焦味、糞便等）也是魔鬼故意要製造的效果，正如他能對物體造成物理性的影響，或是造成人身的病痛。他也能經由夢、思想、想像來影響我們的心理狀態。他能將他的思維，譬如憎恨與絕望，傳遞給我們。所有這些現象都可能出現在撒旦疾病的受害者身上，尤其是在附魔者的身上。這個精神體的真正叛逆性和醜陋，遠比我們人類所能想像或描繪的更惡劣。

問：魔鬼可以被拘禁在人體內，或是變成身體的一部分嗎？他能與聖神（聖靈）同住在人體內嗎？

答：因為魔鬼是純粹的精神體，他不能被拘限在一個地方或一個人的身體內，即使我們認為他可以，也會這樣做。這個問題並非關於拘限於體內，而是關於行動，關於約束。附魔並不等同於一個人住在另一人體內，或是像靈魂一樣，變成屬於我們身體的一部分。他是一種能量，能夠在心靈、整個身體、或身體的任何一部分行動。這就是為何我們驅魔師有時會感覺到：惡魔（我更喜歡稱之為「邪魔」）就住在某人的胃裡。實際上，這只是一種在胃裡面行動的精神力量。

不要誤認為聖神和魔鬼可以同居在人體內，有如兩個對敵的人住在同一房間內。這兩者都是一種精神體的能量，他們可以在同一個主體內同時行動，但是以不同的方式進行。例如，我們說一位聖人遭受魔鬼附身的苦惱。聖人的身體毫無疑問的是聖神的宮殿。這意味著他的靈魂和精神與天主完全合一，並遵循聖神的帶領。如果我們認為這種合一是有形的，那麼即使是正常的身體疾病也無法與聖神的存在相容並蓄。相反的，聖神的臨在聖化了人靈，並帶領我們的思想和行動。這就是為何在我們靈內的聖神可以與疾病或其他任何事物——譬如魔鬼——所造成的痛苦共存。

問：為何天主不能阻止撒旦的行動？難道祂不能制止巫醫和魔法師的活動嗎？

答：天主不這樣做，因為祂創造了萬有，無論是人還是天使，都是自由的。祂允許他們以自由和智慧的本性行事。到了末日，祂會考量所有因素，根據他們所應得的來對待每個人。我相信在這事上，好種子和莠子（雜草）的比喻是非常恰當的。當僕人請求主人讓他們將雜草拔除時，主人拒絕了，而要他們等待到收割的時候。天主不會棄絕祂所創造的生靈，即使他們的行為不好。如果天主阻止了他們，那麼在這些受造物能夠完全展現他們自己之前，就已經被審斷了。我們是有限的生命，我們塵世的日子可以數盡，我們不喜歡天主的忍耐。我們希望立即看到善有善報、惡有惡報。但是天主耐心地等候，給予人足夠的時間去改變，甚至利用魔鬼給人一個機會，來證明人對天主的忠實。

問：許多人不相信有魔鬼，因為他們是被心理學家或心理分析家治癒的。

答：在這種情況下，顯然這個人沒有遭受到魔鬼的侵擾或附魔。我們不需要受到魔鬼行動的侵擾才能相信魔鬼的存在。在這事上，天主的聖言是非常明確的，正如魔鬼對人類和社會生活的影響是非常顯而易見的一樣。

問：當驅魔師質問魔鬼時，他會回答。但若魔鬼是撒謊之父，質問他有任何用處嗎？

答：確實，魔鬼的答覆必須要經過過濾。但有時上主會命令魔鬼說實話，以證明撒旦已被基督戰勝，並被迫要服從以基督之名行事的基督信徒。魔鬼常會承認他是被迫開口發言，這是他不惜一切代價想要避免的。例如，當他不得已必須說出他自己的名字時，他會備感羞辱，因為這是他失敗的跡象。

驅魔師若只是出於好奇之心而詰問魔鬼問題，將會招致禍害。《驅邪禮典》明確禁止這種行為。讓魔鬼來主導對話是同樣地不明智！正因為他是撒謊之父，所以當天主迫使他說實話的時候，撒旦就被羞辱了。

問：我們可以說現在撒旦的勢力比以前更強大嗎？

答：這是可能的。雖然每個世代都有善也有惡，但歷史上的某些時代確實比其他時代敗壞。例如，在羅馬帝國末期，社會的腐敗現象毫無疑問地比共和時期更為普遍。基督戰勝了撒旦，因此，在以基督為主的地區，撒旦被迫退避。這是為何在某些異教盛行的地區，我們發現魔鬼肆虐的情況遠較以基督信仰為主的地區劇烈。例如，我的研究顯示，非洲的一些地區就有這種現象。

今天，魔鬼在一些傳統的歐洲天主教地區（例如義大利、法國、西班牙、奧地利）也更加強大，因為這些國家的基督信仰有著令人驚懼的衰退。正如我在談論魔鬼侵擾的起因時所說的，這些國家的許多民眾已經陷入無法自拔的迷信了。

釋放的方法

問：常有人因為我們的祈禱聚會而從魔鬼的權勢下解放出來，雖然我們所做的只限於釋放祈禱而不是驅魔。你相信這是我們努力得來的真實成果嗎，或者這只是我們的自我陶醉？

答：我相信這確實是你們努力的成果，因為我相信祈禱的力量。我在本書中提及，福音中有一個故事是最難獲得釋放的典型：有位年輕人，宗徒們為他驅魔都失敗了。耶穌說，要趕走這一類的惡魔，需要三件事：信德、祈禱、禁食。這些仍然是最有效的方法。毫無疑問地，正如福音所言，眾人的祈禱比單獨的祈禱更有力。我會不厭其煩地一再強調，我們可能僅憑祈禱而不用任何驅魔禮，就將人從魔鬼的權勢下釋放出來；反之，僅憑驅魔禮而沒有祈禱，卻絕不可能達成。

我再補充一點，當我們祈禱時，天主給了我們所需的，並非因為我們說了什麼。我們不知道要如何祈求，而是聖神以「無可言喻的歎息」代我們轉求。所以主給我們的，遠比我們所求或所希望的更多。我常在唐迪福神父（Father Tardif）為人做治癒祈禱時，看到受害者被釋放。我也曾在米林戈總主教（Archbishop Milingo）為人做釋放祈禱時，目睹了患者被治癒。讓我們繼續祈禱，天主會供給我們所需。

問：是否在某些地方驅魔會特別有效？我們常聽到這種說法。

答：我們可以在任何地方祈禱，但毫無疑問地，從創世以來，天主會在某些地方特別彰顯祂自己，或是某些地方是特別祝聖給天主的。甚至在希伯來的歷史中，天主也在許多這樣的地方向亞巴郎（亞伯拉罕）、依撒格（以撒）、雅各伯……等人彰顯祂自己。因此，我們聯想到我們的聖所，我們的教堂。通常被害者不是在驅魔結束時得到釋放，而是在一個聖地被釋放。肯迪度神父對洛雷托（Loreto）和露德（Lourdes）這兩個地方有特別深厚的感情，因為他的許多病人在這些聖地得到釋放。也有一些地點能使魔鬼侵擾的受害者感受到更多信心。例如，在薩爾西納（Sarsina）地區，聖維克紐（Saint Vicinius）苦修時所用的鐵項圈，對達成釋放常起很大作用。

從前附魔者常會到卡拉瓦喬（Caravaggio）和克勞澤託（Clauzetto）聖殿去朝拜基督至聖寶血聖髑，許多被魔鬼侵擾的受害者在這裡得到治癒。我們也應記住，造訪聖地有助於增長我們的信德，這才是關鍵所在。

問：我自己從魔鬼權勢下得到釋放。祈禱和禁食對我的幫助多於驅魔禮，因為驅魔禮只能讓我得到暫時的舒緩。

答：這個見證也是有根據的。基本上，我已經回答了這個問題。我要重複一個非常重要的概念：受害者不能只是袖手旁觀，好像所有事情都應該由驅魔師來做，而是必須積極地參與救贖的過程。

問：我想知道經過祝福的聖水，與來自露德或其他聖地的聖水有什麼差別。另外，驅魔聖油與某些聖像流出的油或聖殿油燈所燒的油有什麼差別？

答：經過祝福、或是驅魔使用的聖水、油、鹽是聖物。然而我們必須明瞭，雖然這些聖物由於教會的轉求而特別有效，但它們在特定情況下的效力，是基於我們使用它們時的信德。這個問題中所提到的其他物品不是聖物，它們的功效是出於我們在使用這些物品時，以信德向特定對象的聖者祈禱，譬如露德聖母或布拉格聖嬰，請他們為我們轉求。

問：我不斷地嘔吐出濃稠多泡的唾液，我看過很多醫生，但沒有一個能為我找出原因。

答：如果你在嘔吐之後會感覺好些，你可能正在逐漸脫離某些魔鬼的侵擾。因為吃了被下過符咒的食物或飲料而中邪術的人，常常會在嘔吐出濃稠多泡的唾液後癒合。如果是這種情形，我建議使用通常的辦法來獲得釋放：多祈禱、常領受聖事、衷心寬恕。此外，你可以喝些祝福過的水和驅魔油。

問：我不知道為何，但我總是會引起很多人的羨慕，我擔心這可能會造成不良的後果。我想知道嫉妒和羨慕是否會成為魔鬼侵擾的肇因。

答：唯有當嫉妒和羨慕導致他人使用邪術，才會造成魔鬼的侵擾。反之，懷著這些心理的人所受的傷害會大於他們嫉妒的對象，但是無疑地，他們將會破壞彼此之間和諧的關係。我們只要想想夫妻之間由於嫉妒所引發的問題就會明瞭：雖然他們不會造成邪術的問題，但會傷害一個原本美好的婚姻。

問：有人建議我要定時誦念拒絕撒旦的誓詞，我一直不明白為什麼。

答：重發我們領洗時的承諾，總是非常有用。我們可以再次確認我們對天主的信德、我們對祂的承諾、我們拒絕撒旦和一切來自撒旦的事物。向你提出這建議的人，想必是認為你可能有一些需要斷絕的關係。凡是求助於巫士的人，都會與巫士（也與魔鬼）建立一個邪惡的關係。這種關係必須要斷絕。那些參與招魂法會、參加邪教等等的人，也都是如此。整本聖經，尤其舊約部分，就是要我們破除偶像的羈絆，堅定地朝向唯一的真神。

問：佩戴聖像有任何意義嗎？現在非常流行穿戴聖牌、聖衣，以及苦像，我想知道這有沒有幫助。

答：如果穿戴這些物品是懷著信德，而不是因為迷信（像是帶護身符那樣的心態），那麼當然會有效用。用來祝福聖像的禱詞有兩個主要的理念：效法聖像的人的美德，並獲得他的護佑。因此，如果有人認為自己可以涉足像撒旦邪教這類的險境，因為他的頸上戴了聖像可以保護他，那麼他就大錯特錯了。聖像應該是要激勵我們過一個表裡一致的基督徒生活。

問：我的神父聲稱，最好的驅魔方式就是辦告解。

答：他是對的。這是對抗撒旦最直接的方法，因為這件聖事能將人靈從魔鬼的掌握中搶奪回來，加強我們對抗罪惡的力量，使我們與天主更密切地結合，幫助我們的心靈愈加符合天主的旨意。對所有因魔鬼的作為而受害的人，我都會建議他們要經常（最好是每週）辦告解。

問：關於驅魔的事，《天主教要理》怎麼說？

答：《天主教要理》（*Catechism of the Catholic Church*）有四段直接論及這個議題。要理第五一七點，講述基督的復活時，提醒了我們他所做的驅魔。要理第五五〇點明確地指出：「天國的來臨挫敗了撒旦的王國：『如果我仗賴天主的神驅魔，那麼，天主的國已來到你們中間了。』（瑪竇福音 12:26-28）耶穌藉驅魔使一些人擺脫了魔鬼的控制，提前了耶穌對『這世界元首』（若望福音 12:31；路加福音 8:26-39）的偉大勝利。」

要理第一二三七點論及洗禮中的驅魔行為：「洗禮既然象徵使人從罪惡、從引誘人犯罪的魔鬼手中獲得解放，因此，主禮者向候洗者行一次（或多次）的驅魔禮，然後給候洗者傅抹候洗聖油或覆手，候洗者也明確表示棄絕魔鬼。如此作好準備，候洗者可以宣認教會的信仰，然後將透過聖洗『託付』給教會（羅馬書 6:17）。」要理第一六七三點最為詳盡，它告訴我們，在驅魔時，「教會公開以權威，因耶穌基督之名，祈求保護某人或某物件，對抗並脫離魔鬼（邪惡）的控制。」因此教會行使耶穌交託給教會的權柄與任務，驅走邪魔。「驅魔的目的是驅走邪魔，解放人免受魔鬼的控制。」

我要請大家注意，這節要理做了個重要的區別，指出除了附魔之外，還有其他形式的魔鬼侵擾。請見要理第一六七三點的完整全文。

結語

每當作者在重讀自己剛寫完的書稿時，常會有一種奇怪的感覺，就是他所寫的，比他想要說的少了許多。現在我完成了這本書，也有同樣的感覺。我想要涵蓋的主題非常多而且廣，每個主題都值得用更多的篇幅來討論。

我再次盡力地謹守簡潔的界限。因此在每個議題及每個問題上，我只論述我認為比較重要的部分。我省略了沉悶的細節，因為我希望能吸引更廣大的讀者群，而不是寫一本只吸引到極少數的專家、卻讓大眾望之卻步的書。我希望我所寫的內容能激起一些人想要進一步研究這個問題的興趣。

在這個議題上，除了少數獨立奮戰的努力外，太多的門戶依然是封閉的。我希望能有機會到神學院和教廷的學術研究機構演講，建議他們將這個久被忽視、但自古以來就被教會教父所關注的課題，重新納入課綱。

未來掌握在天主的手中。

請容我小小自誇，我已將一本飽富第一手資料的作品置於本書讀者的手中。這些資料不是出於推測和理論，而是肯迪度神父豐富的個人經驗以及我自己所經歷的：在過去八年內，我負責過兩萬多次的驅魔，我想這已足以說明一切。這些資料中，有許多解答、觀察、挑戰，以及嘗試解決的方法，都是以前從未報導過的。

我將特別感謝我的驅魔師同儕的回應。

最後，我希望我所做的對大眾有所助益，只要天主願意，我會繼續加強。

從邪靈中釋放的祈禱

✝向吾主耶穌基督誦

我們的救主耶穌，
我主，我的天主，
我的天主，我的一切，
因著你在十字架上的犧牲，你救贖了我們，
摧毀了撒旦的權勢。
求你救我脫離每一個邪魔的臨在，
每一個邪魔的侵擾。
我這樣祈求是
因你的名，
因你的聖傷，

因你的寶血，
因你的十字聖架，
因無玷痛苦聖母瑪利亞的轉求。
願你肋旁流出的血水
洗滌我，
淨化我，
拯救我，
治癒我。阿們。

✝向聖母誦

天上至高的母后，
天上眾天使的母后，
我們謙卑地懇求你，
以你得自天主的大能及任務，
踏碎撒旦的頭顱：

派遣天上的萬軍，
追逐戰場上的惡魔使其無所遁形，
斥責他們的猖狂，
將他們投入深淵。阿們。

✝向聖彌額爾總領天使禱文

聖彌額爾總領天使，在戰爭的日子裡保衛我們，免我們陷入魔鬼邪惡的陰謀，和奸詐的陷阱中，我們謙卑地祈求，但願上主譴責他。上主萬軍的統帥，求你因上主的威能，把徘徊人間，引誘人靈，使其喪亡的撒旦及其他邪靈，拋下地獄裡去。阿們。

✝吾主耶穌基督至聖寶血禱文

上主，求你垂憐。
基督，求你垂憐。
上主，求你垂憐。
基督，求你俯聽我們。

基督，求你垂允俯聽我們。
在天的天主父，求你垂憐我們。
贖世的天主子，
聖神的天主，
三位一體，唯一的天主，
基督的寶血，永生之父的獨生子，求你拯救我們。
基督的寶血，天主聖言化成的血肉，
基督的寶血，新而永久的盟約，
基督的寶血，痛苦跌倒在地，
基督的寶血，受鞭笞血流如注，
基督的寶血，在茨冠下流出，
基督的寶血，傾倒在十字架上，
基督的寶血，我們救恩的贖價，
基督的寶血，唯獨因此我們罪得寬免，
基督的寶血，聖體的飲料與靈魂的滋養，

基督的寶血，憐憫的泉源，
基督的寶血，征服邪魔的勝利，
基督的寶血，殉道者的勇氣，
基督的寶血，認罪者的力量，
基督的寶血，帶來童貞瑪利亞，
基督的寶血，危難中的希望，
基督的寶血，負重者的解脫，
基督的寶血，悲苦者的慰藉，
基督的寶血，懺悔者的希望，
基督的寶血，垂危者的安慰，
基督的寶血，和平良善的心，
基督的寶血，永生的保證，
基督的寶血，釋放煉獄中的靈魂，
基督的寶血，堪受一切榮耀與讚頌，
求你拯救我們。

除免世罪的天主羔羊，主基督，請寬免我們的罪，
除免世罪的天主羔羊，主基督，求你俯聽我們，
除免世罪的天主羔羊，主基督，求你垂憐我們。

啟：主基督，你以你的寶血贖回了我們，
應：並為了我們的天主，使我們成為國度。

請眾同禱。全能永生的天主，你派遣你的獨生子作為世界的救贖者，並因他的血而平息了義怒。懇求你使我們堪當虔誠敬拜我們救恩的贖價，並因基督寶血之大能，保護我們免遭今生的凶惡，並得以在天上永享他的果效。因我們的主基督。阿們。

✝祝福建築物禱文

天父，請臨於我們的家（商店、辦公室等），保護我們免於敵人的誘惑。願你的聖天使前來保護我們的平安，願你的祝福永遠與我們同在。因我們的主基督，阿們。

主耶穌基督，你曾對宗徒們說：「你們無論進了那一家，先說：『願這一家平安！』」

我們祈求這平安也駐留在這個地方。我們懇求你，因著我們信賴的祈禱聖化它！願你的祝福傾注此處，使它成為和平之所。願救恩臨在我們的居所，如同你進入匝凱（撒該）的家。

請派遣你的眾天使守護它，將所有邪惡的力量驅逐出去。

願所有居住此處的人，他們的善行都蒙你悅納，當他們的時候來到時，得以領取你天家的賞報。我們這樣祈求，是因我們的主基督，阿們。

✝對抗「惡魔眼光」的禱文

主，我們的天主，永世的君王，無所不能，全能的主，你創造了萬物，並惟以你的意旨轉換了萬物；在巴比倫你將燒得七倍熱的窯火變成甘露，保守了你的三個聖潔的孩子：我們靈魂的醫生和療癒者，仰望你的人的避難所；我們熱切地懇求你，我們苦苦地哀求你；請將所有邪惡的力量，所有撒旦的攻擊和陰謀，所有邪惡的窺探和傷害，以及心存傷害和惡意者的惡魔眼光都從你的僕人身上袪除、消滅、趕走。

如果由於美貌、華服、財富、羨慕和嫉妒而發生了任何事情，噢，我主，你深愛著人類，請伸出你有力的手和你最強壯全能的手臂，當你俯視一切，看到你所創造的這些生命時，請派遣和平且強有力的天使，來護衛他們的靈魂與身體，為他們斥責並驅逐每一個邪惡的意圖、每一個巫術，以及毀謗和嫉妒的人的惡魔眼光。

那些祈求你的人，他們受到你的保護，會懷著感恩之心向你歌唱：「上主偕同我，我不怕什麼，世人對待我，究竟能如何？」又說：「我不懼怕惡事，因為有你與我同在。因為，天主，你是我的力量，是大能的統治者，和平的領袖，萬世的父親。」

上主，我們的天主，請寬免你的受造物，拯救你的僕人免於一切傷害以及魔鬼的目光所造成的一切後果，請將他們置於所有邪惡事物之上；萬福尊榮，卒世童貞聖母瑪利亞，光耀的總領天使，及在天上的眾聖人，請為我等轉求。阿們。

——摘自東正教《禮儀儀軌》（*The Euchologion*）

驅魔師

梵蒂岡首席驅魔師的真實自述

加俾額爾・阿摩特 著
定價360元

哪種人最容易被魔鬼附身？
如何分辨是被附身還是心理問題？
驅魔過程中魔鬼會有什麼反應？
如何為邪魔作祟的房屋驅魔？

與魔鬼交手30年，進行過16萬次驅魔的傳奇人物現身說法
「光看瞳孔的位置，我就知道附身的魔鬼類型！」

魔鬼作祟是真實存在的，而真正的附身與驅魔又是怎樣的情況？當代碩果僅存的驅魔師、擁有將近30年驅魔經歷的阿摩特神父說：「電影『大法師』的呈現相當真實，但還有更多事情，是電影裡沒拍出來的！」
在這本令人震撼的書中，阿摩特神父講述自己為了解救身陷魔掌、遭受極端痛苦的人們，而與撒旦交戰的許多親身親歷。在本書中，他讓讀者見證驅魔師的行動，他揭露了魔鬼的力量與習性，讓我們知道魔鬼的攻擊會對日常生活造成什麼樣的傷害，要怎麼做才能避免成為魔鬼的目標；而在面對疑似魔鬼侵擾的情況時，又要如何分辨該求助於現代醫學還是驅魔師。
這本書不是關於魔鬼和附魔的教義或神學論述，而是透過阿摩特神父的第一手經驗與受害者的見證，帶領讀者體驗一個驅魔師的所見、所為，是了解「附魔」與「驅魔」的最佳經典。

李豐楙｜中研院兼任研究員
胡忠信｜廣播電視主持人
黃涵榆｜師範大學英語系教授
爆走金魚｜歷史小說家
周學信｜中華福音神學院教授
索非亞｜《通靈少女》文化顧問
賴効忠｜輔仁大學副教授
——鄭重推薦（依姓氏筆畫排列）

國家圖書館出版品預行編目資料

驅魔師2：從聖經到現代的驅魔實錄 / 加俾額爾．阿摩特(Gabriele Amorth)作；王念祖譯. -- 初版. -- 臺北市：啟示出版：家庭傳媒城邦分公司發行, 2018.08
面；　公分. -- (Knowledge系列；20)
譯自：Nuovi Racconti Di Un Esorcista

ISBN 978-986-96765-0-2 (平裝)

1.神學　2.靈修

242.5　　107011792

Knowledge系列020

驅魔師2：從聖經到現代的驅魔實錄

作　　者／加俾額爾．阿摩特 Gabriele Amorth
譯　　者／王念祖
企畫選書人／彭之琬
總 編 輯／彭之琬
責 任 編 輯／李詠璇

版　　權／吳亭儀
行 銷 業 務／王　瑜、李衍逸
總 經 理／彭之琬
事業群總經理／黃淑貞
發 行 人／何飛鵬
法 律 顧 問／元禾法律事務所王子文律師
出　　版／啟示出版
台北市 104 民生東路二段 141 號 9 樓
電話：(02) 25007008　傳真：(02)25007759
E-mail:bwp.service@cite.com.tw
發　　行／英屬蓋曼群島商家庭傳媒股份有限公司 城邦分公司
台北市中山區民生東路二段141號2樓
書虫客服服務專線：02-25007718；25007719
服務時間：週一至週五上午 09:30-12:00；下午 13:30-17:00
24 小時傳真專線：02-25001990；25001991
劃撥帳號：19863813；戶名：書虫股份有限公司
戶名：英屬蓋曼群島商家庭傳媒股份有限公司城邦分公司
訂 購 服 務／書虫股份有限公司客服專線：（02）2500-7718；2500-7719
服務時間：週一至週五上午 09:30-12:00；下午 13:30-17:00
24 時傳真專線：（02）2500-1990；2500-1991
劃撥帳號：19863813 戶名：書虫股份有限公司
讀者服務信箱：service@readingclub.com.tw
城邦讀書花園：www.cite.com.tw
香港發行所／城邦（香港）出版集團有限公司
香港灣仔駱克道 193 號東超商業中心 1 樓；E-mail：hkcite@biznetvigator.com
電話：(852) 25086231　傳真：(852) 25789337
馬新發行所／城邦（馬新）出版集團 Cite (M) Sdn. Bhd.
41, Jalan Radin Anum, Bandar Baru Sri Petaling, 57000 Kuala Lumpur, Malaysia.
Tel: (603) 90578822 Fax: (603) 90576622 Email: cite@cite.com.my

封 面 設 計／李東記
排　　版／極翔企業有限公司
印　　刷／韋懋實業有限公司

■ 2018 年 8 月 7 日初版
■ 2023 年 9 月 14 日初版 5.5 刷
定價 360 元

Printed in Taiwan

城邦讀書花園
www.cite.com.tw